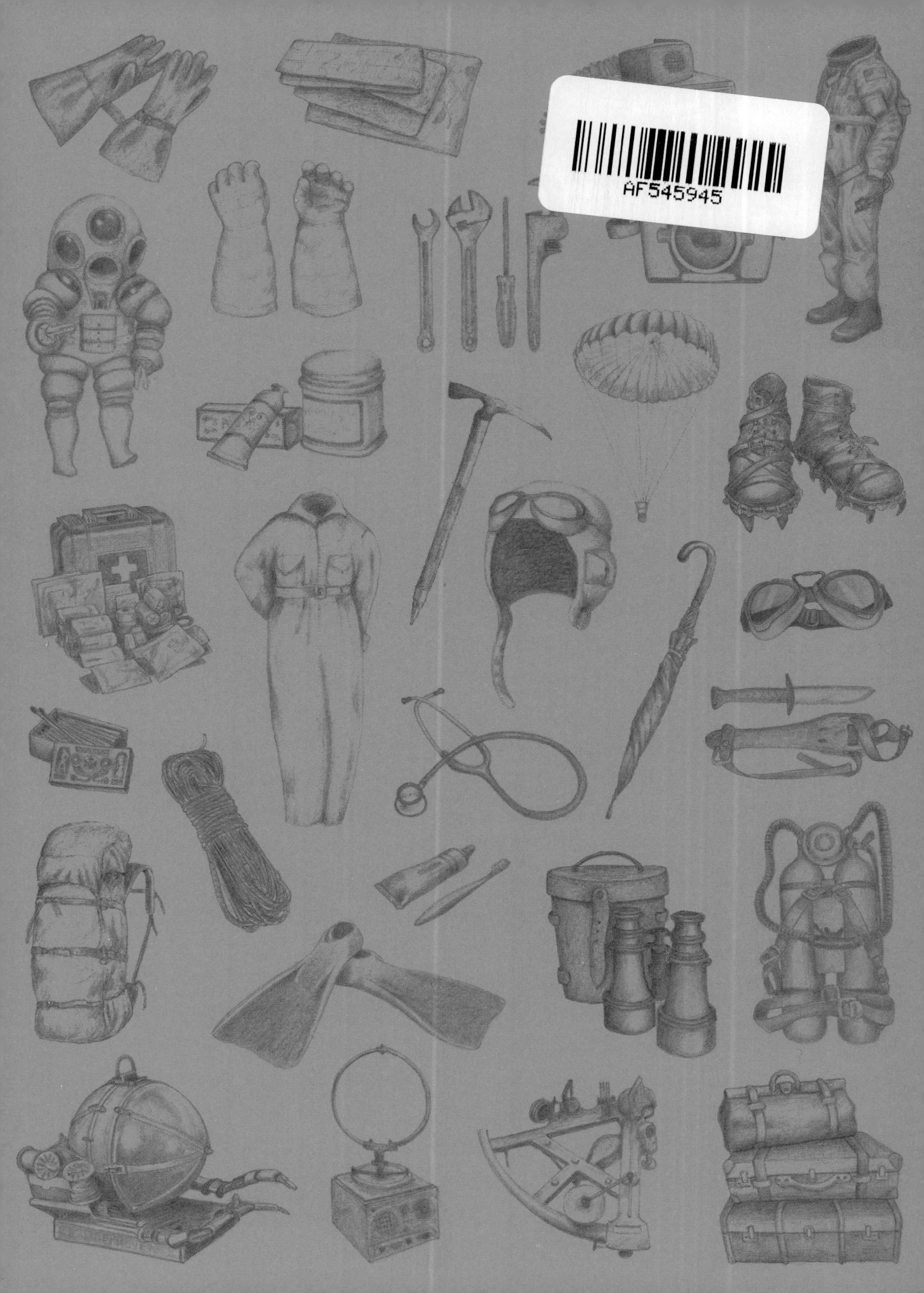

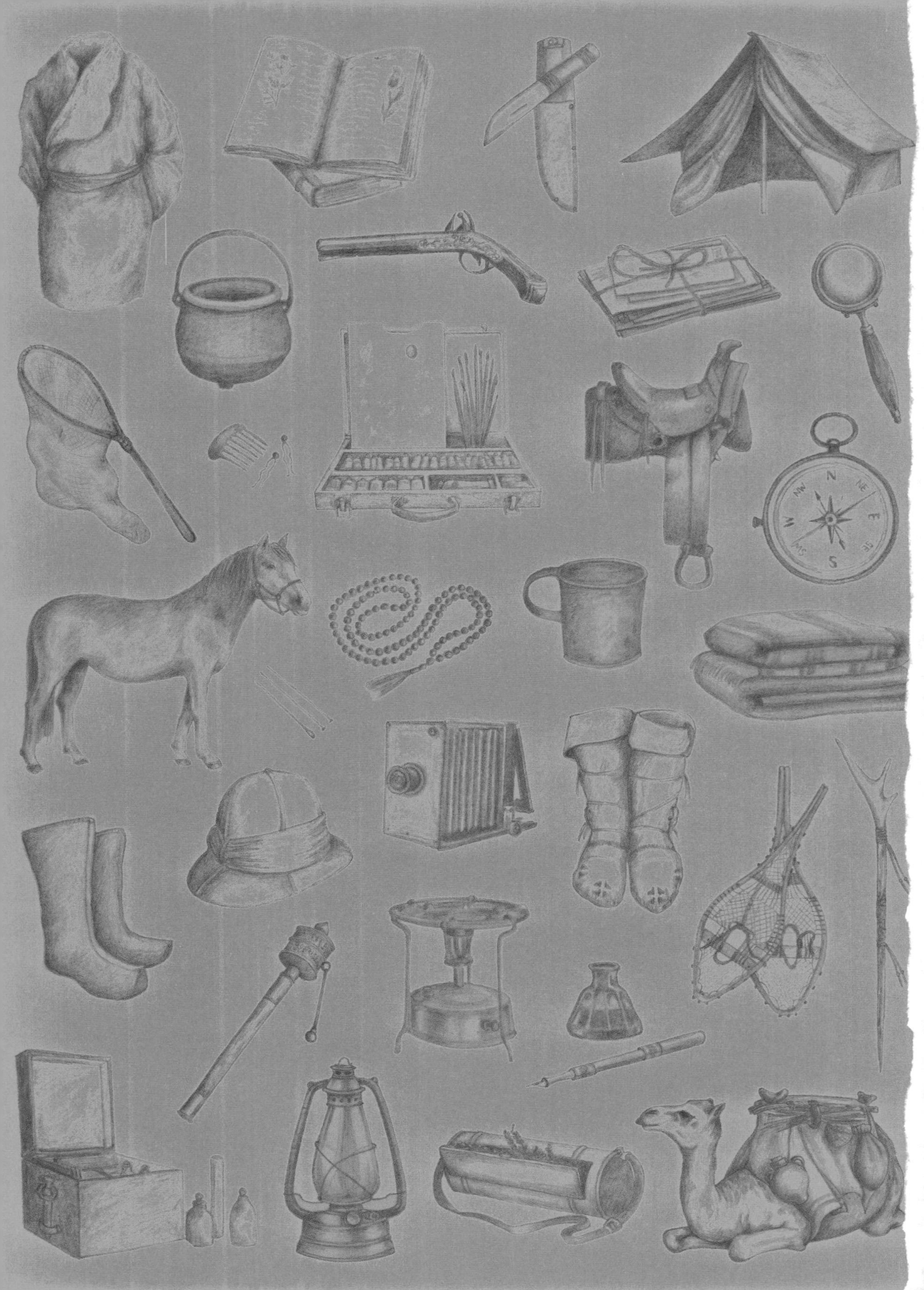

ADVENTURE GIRLS

ADVENTURE GIRLS

14 rebellische Frauen erobern die Welt

Geschichten und Illustrationen von

KARI HERBERT

Aus dem Englischen
von Frank Sievers

C.H.BECK

INHALTSVERZEICHNIS

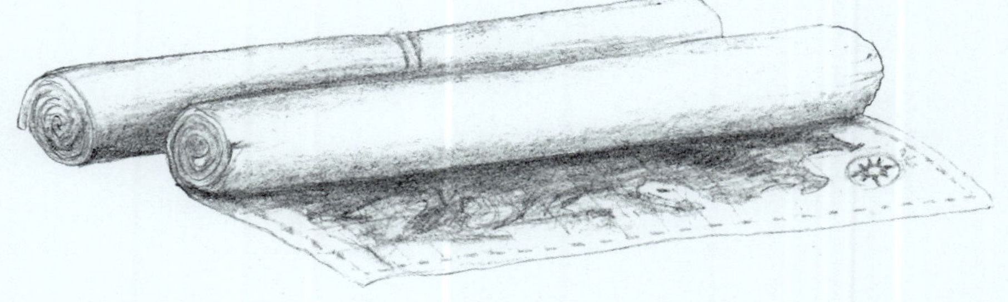

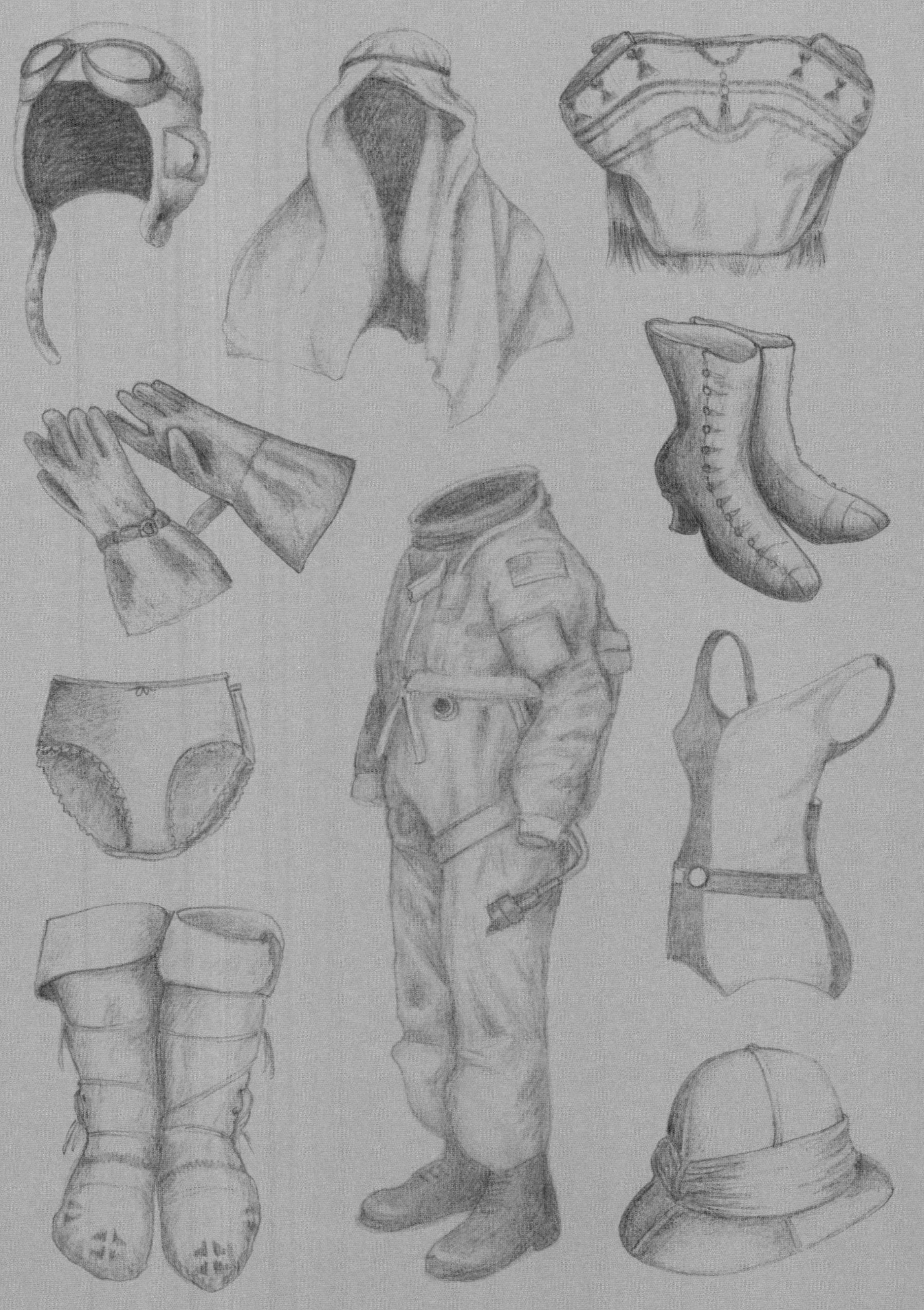

ADVENTURE GIRLS

DAS MANIFEST

Du willst auch eine Entdeckerin werden?

Dann sei neugierig.
Stell Fragen, aber such selbst nach den Antworten.

Mach dir einen Plan.
Nimm dir eine Landkarte, aber gehe über ihre Grenzen.

Sei mutig.
Du musst nicht weit gehen, du musst nur richtig gehen.

Halte die Augen offen.
Mache jeden Schritt zu einem Abenteuer.

Finde einen neuen Weg. Finde deinen Weg.

Und das Wichtigste:
Komm wieder nach Hause und erzähl deine Geschichte.

EINLEITUNG

In diesem Buch lernt ihr vierzehn beeindruckende Entdeckerinnen kennen, die bis ans hinterste Ende der Welt gereist sind. Wir gehen mit ihnen tief in die Wüste und in den Regenwald, entdecken alte Ruinen und sagenumwobene Städte, erklimmen hohe Gebirge und rauschen durch wilde Flüsse. Wir tauchen tief in den Ozean und steigen hoch hinauf ins All. Alle Menschen in diesem Buch haben das große Abenteuer gesucht. Und zufälligerweise waren sie allesamt Frauen.

Frauen reisen seit Tausenden von Jahren. Sie haben fast jeden Winkel der Welt erkundet. Forschungsreisen dagegen wurden noch bis vor kurzem als eine Männerdomäne angesehen. Dabei haben die Frauen in diesem Buch wichtige Entdeckungen gemacht. Doch ganz gleich, welch beeindruckende Errungenschaften sie vorzuweisen hatten, meist wurden sie nur als leichtsinnig oder exzentrisch abgetan. Manche wurden sogar schlichtweg ignoriert. Niemand weiß, wie viele wagemutige Frauen heute einfach vergessen sind oder wie viele Geschichten indigener Landreisender, Seefahrerinnen oder Anführerinnen ihre Zeit nicht überdauert haben, weil es keine schriftlichen Aufzeichnungen gibt, die an sie erinnern. Dieses Buch soll zumindest einigen dieser außergewöhnlichen Menschen eine Stimme verleihen.

Entdeckungsreisen sind teuer. Noch vor hundert Jahren durften die meisten Frauen nicht zur Wahl gehen und schon gar nicht selbst bestimmen, was sie mit ihrem Geldbeutel anstellen. Und von den wenigen Frauen, die das Glück hatten, reich und unabhängig zu sein, wurde nicht gerade erwartet, dass sie sich allein auf Weltreise begeben. Nur gut, dass einige es trotzdem taten und damit die Rolle der Frauen in der Gesellschaft grundlegend veränderten. Das geschah jedoch nicht mit einem Mal, sondern in einer allmählichen, kollektiven Bewegung.

Beim Entdecken geht es nicht darum, die Natur zu erobern oder mit seinen Heldentaten zu prahlen – es geht um Wissen. Jeder Entdecker fängt mit einer bestimmten Idee an und schenkt der Gesellschaft durch seine Reisen etwas Neues, Bedeutungsvolles. Zum Beispiel, indem er eine neue Art entdeckt, eine Landkarte eines noch unerforschten Gebietes skizziert, Hinweisen auf untergegangene Kulturen nachgeht oder eine neue Sicht auf unsere Welt eröffnet. Deshalb ist das Entdecken heute wichtiger denn je, und deshalb ist es so wichtig, diese Geschichten zu erzählen.

Die Welt zu erkunden kann ein gefährliches Unterfangen sein. Alle Entdeckerinnen in diesem Buch haben irgendwann in ihrem Leben ein Risiko auf sich genommen. Sie waren bereit, Gefahren zu begegnen und in unbekanntes Terrain vorzudringen, und haben sich auf ihrem Weg nicht beirren lassen. Ausgewählt habe ich diese Frauen wegen ihrer unglaublichen Erfolge, die sie trotz großer Schwierigkeiten erreicht haben. Obwohl sie als Menschen ganz unterschiedlich waren, handelte es sich doch bei allen um mutige, neugierige, entschlossene Frauen, die die allgemein anerkannten Normen in Frage stellten.

Ich hoffe, diese Geschichten ermutigen euch, selbst auf Reisen zu gehen. Ihr müsst euch dabei nicht gleich in Lebensgefahr begeben! Viele Frauen in diesem Buch begannen ihr Abenteurerdasein, indem sie ihre nähere Umgebung erkundet haben. Ihr müsst nicht weit gehen, um ein Abenteuer zu erleben. Öffnet einfach eure Augen und schaut in die Welt. Es gibt noch unendlich viel zu entdecken.

Maria Sibylla Merian

KÜNSTLERIN UND ÖKOLOGIN.

Entdeckte die Metamorphose
bei Insekten.

Maria Sibylla Merian

(1647–1717)

WUNDERSAME WESEN

Die Hitze war erdrückend. Die Feuchtigkeit hing so schwer in der Luft, dass man kaum atmen konnte. Ein Hauch von Korallenrosa irgendwo im Unterholz entpuppte sich als eine Gruppe Scharlachsichler, die sich einen Weg durch die Mangrovenbäume bahnte. Rundum flirrte es vor Geräuschen: das Brummen der Frösche und Insekten, die Rufe tropischer Vögel, das Gekreische der Brüllaffen. Nie hätte Maria gedacht, dass der Dschungel in Suriname so laut und so voller Leben sein könnte. Sie legte die Hand auf einen Ast. Da plötzlich kam eine Raupe auf ihre Finger zugekrochen, die größte, die sie je gesehen hatte. Behutsam setzte sie die Raupe auf einige Blätter in einer ihrer Holzkisten. Sie hatte eine weite Reise auf sich genommen, um Tiere genau dieser Art zu finden. «Wie schön du bist», flüsterte sie. «Was wohl einmal aus dir werden mag?»

Seit sie denken konnte, fand Maria Sibylla Merian Käfer und Schmetterlinge faszinierend. Für sie waren es wundersame, geheimnisvolle Wesen. Als sie noch ein Kind war, wussten die meisten Menschen, die sie kannte, rein gar nichts über sie.

Im Deutschland des 17. Jahrhunderts glaubten die meisten Menschen aus Marias Umgebung, dass Insekten aus toten Tieren oder Dung wachsen.

TROPISCHE TIERWELT. Diese Tüpfelrennechse fand in Marias Haus in Suriname Unterschlupf. Auf ihren Bildern stellte Maria Pflanzen, Insekten und Früchte wie zum Beispiel Bananen dar, die es in Europa nur selten zu sehen gab.

Manche meinten sogar, sie brächten Unheil. Eines der wenigen Insekten, dessen Lebenszyklus man verstand und das daher auch «kein Unheil brachte», war die Seidenraupe. Sie umwickelte sich selbst mit glänzenden Fäden, um sich einen Kokon zu bauen. Aus diesen Fäden wurden luxuriöse Stoffe hergestellt. Das weckte Marias Neugierde.

Als junges Mädchen war Maria überzeugt, dass es eine Verbindung zwischen Raupen und Schmetterlingen gab. Beweisen ließ sich das aber nur, indem sie die einzelnen Etappen der Umwandlung, der «Metamorphose», vom Ei zur Raupe und zum Schmetterling verfolgte und nachzeichnete. Also besorgte sie sich einige Seidenraupen, setzte sich davor und beobachtete sie so lange, bis die ersten Raupen ihren Kokon zu spinnen begannen. Wochen später kamen wunderschöne Seidenspinner hervor, die mit ihren zerknitterten weichen Flügeln zu flattern begannen. Maria zeichnete und notierte jedes einzelne Detail.

Die Kunst lag bei ihr in der Familie. Ihr Vater hatte ein erfolgreiches Verlagshaus betrieben und als er starb, heiratete ihre Mutter Johanna den Künstler und Kupferstecher Jacob Marrel. Der förderte Marias Zeichentalent und brachte ihr alles bei, was er wusste. Als Maria achtzehn Jahre alt war, heiratete sie den Künstler Johann Andreas Graff. Bald darauf bekam sie ihr erstes Kind. Aber sie war nicht nur Mutter, sondern auch Geschäftsfrau und Künstlerin. Sie betrieb ihr eigenes erfolgreiches Atelier, in dem sie junge Künstlerinnen beschäftigte, und verkaufte Künstlerbedarf und mit ihren eigenen Blumenmustern von Hand bemalte Seide.

MERKWÜRDIGE WESEN. *Ein Stich mit Eiern, Raupen und Schmetterlingen aus Marias Buch* Metamorphosis Insectorum Surinamensium.

Da Unabhängigkeit für Maria über allem stand, ließ sie sich bald wieder scheiden und zog nach Amsterdam, wo sie Händlern und wohlhabenden Sammlern begegnete. Die erzählten ihr Geschichten von unberührter, wilder Natur, von exotischen Pflanzen und Insekten. Da Maria diese wundersamen Kreaturen gern in ihrem natürlichen Habitat studieren und malen wollte, beschloss sie, die erste wissenschaftliche Expedition nach Suriname zu unternehmen, das damals eine niederländische Kolonie im Dschungel des heutigen Guyana in Südamerika war.

Eine gewagte Unternehmung hatte sie da vor. Maria hatte schon gehört, dass der Dschungel undurchdringlich sei. Und selbst wenn sie sich einen Weg hinein bahnen könnte, würde sie auf lebensgefährliche Schlangen und Spinnen treffen, und die Luft wäre unerträglich heiß und feucht. Eine Expedition wäre von vornherein zum Scheitern verurteilt. Zudem war niemand bereit, einer Frau Geld für eine Expedition zu geben. Aber Maria ließ sich von alledem nicht abschrecken. Um das benötigte Geld zusammenzubekommen, verkaufte sie über 250 Gemälde und ihre Schmetterlingssammlung. Dann schrieb sie ihr Testament und packte ihre Malsachen, Lupen und Probengläser in Kisten.

1699, nach zwei unbequemen Monaten auf See, erreichten Maria und ihre jüngste Tochter Dorothea Suriname. Was für ein Unterschied zu Amsterdam! Überall wuchsen Papayas, Guaven und Bananen. Zum ersten Mal in ihrem Leben probierte Maria eine Ananas. Deren Aroma konnte ein ganzes Zimmer erfüllen, wie sie voller Entzücken feststellte.

Die Tropen waren überwältigend. Über dreißig Meter stiegen die Bäume in die Höhe.

RINGEN MIT DER NATUR. Maria und ihre Tochter Dorothea malten oft zusammen. Diese Darstellung eines Kaimans im Kampf mit einer Korallenotter zeigt eine dramatische Szene der Natur.

Manche Schmetterlinge waren größer und schneller als Vögel! Die Farben waren betörend. Wo Maria hinsah, erwartete sie ein neues Wunder der Natur. Eine blaue Eidechse legte in ihrem Haus ihre Eier ab, Kolibris und Schmetterlinge bevölkerten ihren Garten. Aber Lebewesen, die eigentlich harmlos aussahen, konnten hier auch gefährlich sein. Manche Frösche und Raupen waren sogar giftig.

Die Frauen der indigenen Arawak wiesen Maria und Dorothea in den Lebensalltag ein. Sie spannen Baumwolle für die Hängematten, in denen sie schliefen, backten auf Bananenblättern Brot und brachten Maria bei, welche Kräuter und Pflanzen man als Arzneien verwenden konnte. Und sie gaben ihr sogar Raupen und Maden, damit sie sie untersuchen konnte.

Zwei Jahre lang sammelten Maria und ihre Tochter in Suriname Raupen und beobachteten sie bei ihrer geheimnisvollen Verwandlung. «Die Hitze in diesem Land ist so erdrückend», schrieb Maria einem Freund, «dass niemand ohne große Schwierigkeiten arbeiten kann.» Fiebrig und erschöpft kehrte sie 1701 heim.

Naturforscher und Sammler waren begeistert über die Wunderwesen, die Maria aus Südamerika mitbrachte. Darunter waren Raupen, die sie während der Heimreise am Leben gehalten hatte, und Tiere wie Schnecken, Spitzkopfzikaden und sogar Krokodile, die sie in Gläsern mit Alkohol konserviert hatte. Sie musste sie mit in ihre Heimat bringen, um zu beweisen, dass es sie tatsächlich gab!

1705 begann Maria mit der Arbeit an ihrem Buch *Metamorphosis Insectorum Surinamensium*. Darin eröffnete jedes Gemälde ein eigenes Ökosystem, so farbenfroh und detailreich, dass man meinen konnte, die Taranteln oder Frösche würden einem gleich aus der Seite entgegenspringen.

Maria war eine Pionierin der Ökologie. Durch sie wandelte sich die Darstellung bestimmter Aspekte der Natur in den Künsten und die Naturforscher nahmen nun die Beziehungen zwischen Pflanzen und Tieren sehr viel genauer unter die Lupe. Maria räumte mit dem Aberglauben auf, dass sich Laub in Motten verwandelt oder dass Kröten als voll ausgereifte Tiere aus Schlamm entstehen. Aber ihre wichtigste Hinterlassenschaft besteht vielleicht darin, dass sie uns daran erinnert, auch die kleinsten Lebewesen zu achten und niemals Mädchen zu unterschätzen, die Raupen sammeln.

EXOTISCHE FRÜCHTE. In Suriname gab es köstliche Früchte zu entdecken. Ananas war Marias Lieblingsobst.

Jeanne Baret

SEEFAHRERIN UND BOTANIKERIN.

Sammelte seltene Pflanzenarten.

Jeanne Baret

(1740–1807)

VERSCHLEIERTE IDENTITÄT

Ein kalter Dezemberabend im Jahre 1766. Die Straßen der französischen Hafenstadt Rochefort waren dunkel, nur ein klein wenig Licht schien durch die geschlossenen Fensterläden der Häuser. Die junge Frau schlich zum Hafen, die rote Mütze tief ins Gesicht gezogen, den dicken Mantel eng um den Körper gelegt. Wer ihr begegnete, hielt sie vermutlich für einen gewöhnlichen jungen Matrosen. Aber diese junge Frau wollte ein Leben führen, das nicht gewöhnlich war. Sie wollte als Mann verkleidet ein Schiff besteigen, um darauf um die Welt zu segeln.

Am Eingang zum Hafen murmelte Jeanne Baret das Passwort, dann ging sie an Bord, wo sie gleich einer ganzen Gruppe von Offizieren gegenüberstand. Sie wurde gebeten, sich zu identifizieren, worauf sie forsch erklärte, sie sei Monsieur Jean Baret, Assistent und Kammerdiener von Philibert Commerçon, dem Naturforscher der Expedition.

Als junges Mädchen hatte Jeanne von den Frauen ihrer Familie im Loire-Tal gelernt, wie man aus den Wurzeln, Blüten, Beeren und Blättern wilder Pflanzen Arzneien herstellt. Obwohl Commerçon ein berühmter Naturforscher war, wusste er, dass das Wissen von Kräuterfrauen wie Jeanne unschätzbaren Wert hatte. So wurde Jeanne seine Lehrerin, Haushälterin, Krankenschwester und Assistentin. Und dank ihrer gemeinsamen Liebe zur Natur waren sie bald unzertrennlich.

1765 wurde Commerçon eingeladen, an der ersten wissenschaftlichen Weltumsegelung Frankreichs teilzunehmen, die auf den Schiffen *Boudeuse* und *Étoile* unter der Leitung des berühmten Seefahrers Louis Antoine de Bougainville stattfinden sollte. Es würde eine der größten Reisen ihrer Zeit, aber Commerçon zögerte. Ihm schien es undenkbar, die Fahrt ohne Jeanne zu unternehmen, nur war Frauen das Betreten eines Marineschiffs strengstens verboten. Da dachten sich die beiden eine List aus. Jeanne sollte sich als Commerçons männlichen Assistenten ausgeben. Der Plan war riskant. Denn sie wussten nicht, was passieren würde, wenn ihre wahre Identität aufflog.

Die Schiffe legten ab, mit Kurs nach Süden, um die brasilianische und argentinische Küste entlangzufahren. Auf dem Weg ging der Naturforscher mit seinem Assistenten an Land, um Pflanzen zu sammeln. Da Commerçon

Beschwerden mit den Beinen hatte und nicht weit laufen konnte, kraxelte Jeanne auf die Klippen und Hügel, um nach Pflanzen für seine Sammlung zu suchen. Sie machte es sich zur Aufgabe, so viele neue Pflanzenarten wie möglich zu finden. Die berühmteste ist die tropische Kletterpflanze mit den großen Blüten, die sie nach ihrem Kapitän benannten: die Bougainvillea.

Die zwei Jahre dauernde Reise war anstrengend. Jeden Tag wickelte Jeanne ihren Oberkörper in Leinen, damit ihre Brüste nicht zu sehen waren und ihre Verkleidung keinen Argwohn erzeugte. Sie überstand mörderische Seestürme, musste Überfälle durch Piraten fürchten und sich in einer reinen Männergesellschaft zurechtfinden. Die Mahlzeiten waren mager und eintönig: gepökeltes Schweine- oder Rindfleisch, harte, fade Kekse und gelegentlich Fisch, falls es der Mannschaft gelang, welchen zu fangen. Während der Fahrt über den Pazifik machten sich Skorbut und Unterernährung in der Mannschaft breit. Die Kranken wurden auf improvisierte Betten aus Sackleinen gelegt. Der Gestank unter Deck war unerträglich und das Schiff wurde von Ratten heimgesucht, die nicht selten beim Koch in der Suppe landeten. «Es wurde viel darüber diskutiert, wo sich die Hölle befinden mag», schrieb Bougainville, «wahrlich, wir haben sie gefunden.»

KRÄUTERFRAU. Jeannes Wissen über Pflanzen und Kräuter war auf ihrer Reise um die Welt von unschätzbarem Wert.

JEANNES ENTHÜLLUNG. Zeichnung von Tahiti. Hier flog Jeannes Verkleidung auf.

Doch trotz aller Widrigkeiten stand Jeanne die Reise durch. Sie überquerte die höchsten Berge der Magellanstraße im Süden Chiles und erkundete die tiefsten Wälder der südpazifischen Inseln, um eine außergewöhnliche Sammlung neuer Pflanzenarten aufzubauen. Sie arbeitete unermüdlich, trug klaglos alle Kisten mit den Pflanzenproben und der wissenschaftlichen Ausrüstung selbst, egal wie schwer oder unhandlich sie waren. Doch dann flog ihre Tarnung auf.

Im April 1768 lagen die Schiffe vor der Küste Tahitis vor Anker. Wie Bougainville berichtete, war Jeanne zum Pflanzensammeln an Land gegangen, aber als sie über den Strand lief, erkannten die tahitianischen Männer, dass sie sich verkleidet hatte. Ängstlich rief Jeanne um Hilfe. Erst da bemerkten ihre französischen Landsmänner, dass über ein Jahr eine Frau unter ihnen gewesen war.

Bougainville erlaubte Jeanne, an Bord zu bleiben, bis sie Mauritius erreichten, eine Insel im Indischen Ozean, wo Commerçon eine Stelle im Botanischen Garten antreten wollte. Fünf Jahre später, 1773, starb Commerçon und 1775 gelang es Jeanne, nach Frankreich zurückzukehren. Damit war sie die erste Frau, die eine Weltumsegelung unternommen hatte. Als Anerkennung für ihren Einsatz und ihre harte Arbeit sorgte ihr alter Kapitän Bougainville dafür, dass sie von der Marine eine lebenslange Rente erhielt – eine Ehre, die eigentlich Männern vorbehalten war. Den Rest ihres Lebens verbrachte «diese außergewöhnliche Frau», wie er sie nannte, gemütlich als Gastwirtin.

Dass Jeanne als Frau aus dem Arbeitermilieu im 17. Jahrhundert aus Liebe zur Pflanzenwelt die Regeln brach, um die Welt zu umsegeln, wird als Errungenschaft erst heute wirklich anerkannt. Noch immer wissen wir nicht genau, wie viele neue Arten sie entdeckt hat, da diese allesamt Commerçon zugeschrieben wurden – insgesamt hatten die beiden über 6 000 Pflanzen gesammelt. Aber immerhin erhielt 2012 eine neu entdeckte Kletterpflanze ihr zu Ehren den Namen *Solanum baretiae*.

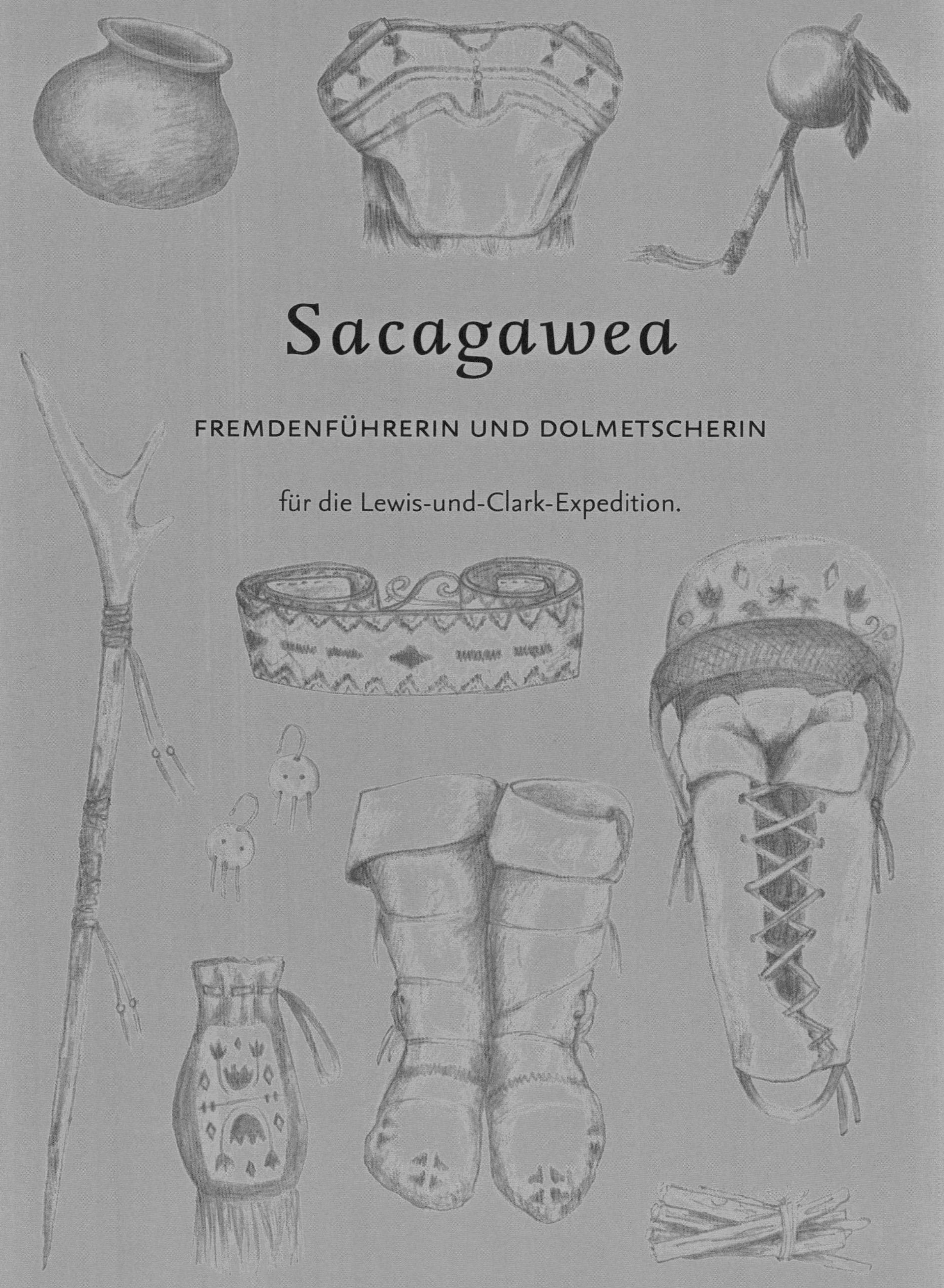

Sacagawea

FREMDENFÜHRERIN UND DOLMETSCHERIN

für die Lewis-und-Clark-Expedition.

Sacagawea

(1788–1812)

AUF DER SICHEREN DURCHREISE

Die Kanus rauschten durch die Stromschnellen. Sacagawea saß ganz vorn, auf den Knien, eine Hand am Bootsrand, die andere drückte das Baby an die Brust. Im tosenden Fluss rief sie den Männern Befehle zu, um alle sicher durch die zerklüfteten Felsen zu manövrieren. Keiner sah die Welle kommen, die das Kanu überspülte. Die Kisten mit den Landkarten und Tagebüchern der Expedition gingen über Bord. Entsetzt sahen die Männer ihnen nach. Da übergab Sacagawea das Baby ihrem Mann und warf sich in den Fluss. Als sie wieder auftauchte, hielt sie die wertvollsten Stücke der Expedition im Arm. Es sollte nicht das letzte Mal sein, dass sie eine brenzlige Lage entschärfte.

Sacagawea wurde in den Wäldern der Bitterroot Mountains im US-Bundesstaat Idaho geboren, als Mitglied des Stamms der Lemhi Shoshone. Sie lernte, sich von den Erträgen der Erde zu ernähren, und fühlte sich behütet und geliebt. Doch als sie zwölf Jahre alt war, wurde ihr Stamm von einer kriegerischen Gruppe des Volks der Hidatsa angegriffen. Sacagawea wurde gefangen genommen und in eine Siedlung am Knife River im heutigen North Dakota verschleppt. Dort verkaufte man sie an den Fellhändler Toussaint Charbonneau, der sie zur Frau nahm. Mit sechzehn Jahren wurde sie schwanger.

DIE ANFÜHRERIN. Gemälde von Sacagawea, die Lewis und Clark den Weg durch Nordamerika weist.

Einen Weißen sah Sacagawea – «Sah-kah-ga-wi-ah» bedeutet wörtlich «Vogelfrau» – zum ersten Mal, als das Corps of Discovery 1804 den Knife River erreichte, wo die indigenen Völker seit Tausenden von Jahren lebten. Aber für die weißen Siedler war dieses Gebiet zwischen dem Mississippi und den Rocky Mountains, in dem Sacagawea geboren wurde, ein Buch mit sieben Siegeln. Viele glaubten, diese unkartierte Wildnis sei nur von wollhaarigen Mammuts und riesigen Faultieren bevölkert. Der US-Präsident Thomas Jefferson beauftragte die beiden Captains Meriwether Lewis und William Clark damit, die Gegend zu erkunden und eine sichere Route zum Pazifik ausfindig zu machen.

Für die Expedition brauchte das Corps of Discovery allerdings Fremdenführer, die sich in dem Gebiet auskannten. Lewis und Clark erklärten sich bereit, Charbonneau anzuheuern, aber nur, wenn auch Sacagawea mitkäme. Denn sie brauchten einen Dolmetscher, der Shoshone sprach, um in den Bergen Pferde kaufen zu können. Außerdem konnten sie mit Sacagawea zeigen, dass sie in friedlicher Absicht unterwegs waren – eine kriegerische Gruppe würde schon aus praktischen Gründen nicht mit Frau und Kind reisen.

So paddelten sie also gemeinsam den Missouri hinauf, der zwei Monate alte Sohn auf Sacagaweas Rücken. Für die Männer sollte es eine Reise ins Ungewisse werden. Für Sacagawea war es eine Rückkehr in ihre Heimat, aus der sie entführt worden war.

UNKARTIERTE GEBIETE. *Sacagawea half den Forschern, friedlich durch die Gebiete verschiedener Stämme zu reisen.*

Monatelang reiste die Expedition Richtung Westen, kämpfte sich durch Stromschnellen und schleppte Boote und Ausrüstung um Wasserfälle herum, nur um urplötzlich vor einem Grizzlybären zu stehen. Ihre Mokassins wurden von den dornigen Sträuchern so sehr durchlöchert, dass ihnen die Füße bluteten. Einmal wurde Sacagawea schwerkrank und die Männer dachten schon, sie würde sterben. Aber aus purer Willenskraft hielt sie sich am Leben, um weiter für ihr Baby da zu sein.

Im August 1805 traf die Expedition auf eine Gruppe Shoshones. Deren Oberhaupt war Sacagaweas Bruder, den sie seit fünf Jahren nicht mehr gesehen hatte. Der Schwester zuliebe stellte Chief Cameahwait den Weißen die benötigten Pferde zur Verfügung. Sacagawea blieb jedoch nicht bei ihrer Familie, sondern führte die Reise fort. Vor ihnen lag eine Wegstrecke von 225 Kilometern über die eisbedeckten Bitterroot Mountains. Aber Sacagawea wollte unbedingt die blaue Weite des Pazifiks erleben, koste es, was es wolle.

Schneestürme ließen die Forscher bis ins Mark gefrieren, während sie durch hüfthohen Schnee stapften. Dann gingen ihnen die Essensvorräte aus. Um zu überleben, aßen sie ihre Kerzen. Erschöpft, fröstelnd, das Baby im Arm, grub Sacagawea nach nahrhaften Wurzeln, damit die Gruppe wieder zu Kräften kam. Als sie sich dem Pazifik näherten, ließen die Captains abstimmen, wo sie ihr Lager für den Winter aufschlagen sollten. Sacagawea durfte wie jeder Mann eine Stimme abgeben. Damit bekam zum ersten Mal in der Geschichte der USA eine Frau ein Wahlrecht – der Beweis, wie wichtig sie für die Expedition war.

Sacagawea half dem Corps auf seiner Tausende Kilometer langen Reise, sicher durch die Territorien zahlreicher indigener Völker zu gelangen. Sie wusste, wo Nahrung zu finden war, wenn es nichts zu jagen gab, und half den Captains bei der Identifizierung von über 300 Tier- und Pflanzenarten. Doch als die Expedition im August 1806 endete, erhielt Charbonneau Lohn und Land, während Sacagawea leer ausging.

Sechs Jahre nach der Expedition wurde Sacagawea schwerkrank und starb. Sie wurde nur vierundzwanzig Jahre alt. Obwohl Lewis und Clark einen Fluss nach ihr benannt hatten, wurde ihr Beitrag zu der Expedition erst nach ihrem Tod wirklich anerkannt. Sacagawea war aus ihrer Heimat entführt und unwürdig behandelt worden, aber ihre Entschlossenheit, über den Horizont zu blicken, hielt sie am Leben. Heute sieht eine neue, junge Generation ihr Leben als Vorbild, sich mit stolz erhobenem Kopf zu behaupten, komme, was wolle.

FEIER DES ABENTEUERS. *1954 war Sacagawea auf einem Poststempel der USA und 2000 auf einer Gedenkmünze abgebildet.*

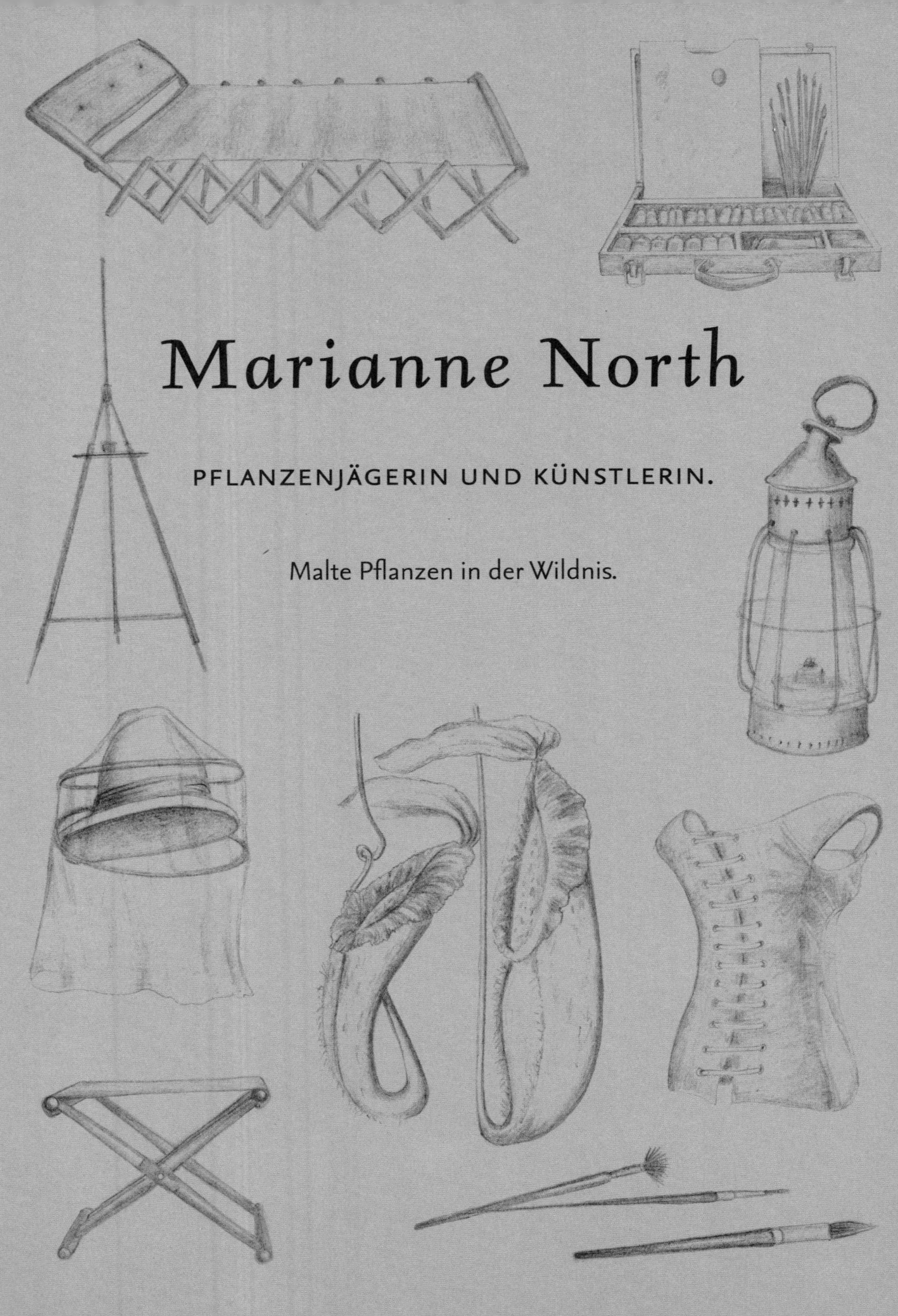

Marianne North

PFLANZENJÄGERIN UND KÜNSTLERIN.

Malte Pflanzen in der Wildnis.

Marianne North

(1830–1890)

EIN WILDES LEBEN

Als der schmale Bergweg zu steil wurde, banden sie die Pferde an und liefen zu Fuß weiter. Bald darauf wurden sie von den Wolken verschluckt. Marianne sah die eigene Hand nicht mehr vor Augen. Da tauchten aus dem Nebel vor ihr seltsame Formen auf – die Erdbromelie – die Blume, deretwegen allein sie die weite Reise auf sich genommen hatte. Plötzlich kam die Sonne durch und erweckte die Blüten in ihrer ganzen Farbenpracht und Schönheit zum Leben. So muss sich Glück anfühlen, dachte Marianne.

Marianne North wurde im englischen Hastings geboren. Nach dem Tod ihrer Mutter reiste Marianne mit ihrem Vater viele Jahre um die Welt, nach Ägypten und Syrien und durch ganz Europa. Wieder zu Hause, führten die beiden ihre Forschungen fort und erfuhren in den Royal Botanic Gardens in Kew viel Wissenswertes über neuentdeckte Pflanzenarten.

DIE ERDBROMELIE. *Mariannes Ölgemälde zeigen ungewöhnliche Pflanzen in ihrer natürlichen Umgebung, wie diese Erdbromelie in Chile.*

Dann starb auch ihr geliebter Vater. Da Marianne wohlhabend und unverheiratet war, beschloss sie mit einundvierzig Jahren, eine Pflanzenforscherin ganz eigener Art zu werden. Als Jugendliche hatte sie Malunterricht bekommen. Daher wollte sie nun Pflanzen, anstatt sie als Musterexemplare auszureißen, bildlich in ihrer natürlichen Umgebung darstellen.

Zuerst reiste sie nach Kanada und in die USA. Auf Jamaika lebte sie im alten, verlassenen Botanischen Garten, in einer üppigen Landschaft aus Orchideen und Passionsblumen, riesigen Brotfruchtbäumen und Mangos. Als Nächstes lebte sie acht Monate lang in Brasilien, in einer Hütte im tiefsten Regenwald, und malte die sie umgebende wilde Flora.

Marianne kannte viele einflussreiche Leute, Wissenschaftler, Botaniker, Schriftsteller, Künstler, Politiker. Dank deren Empfehlungsschreiben wurde sie von Diplomaten und Königsfamilien eingeladen. Zwar gefiel ihr die Gastfreundschaft, aber lieber war ihr die Gesellschaft der Pflanzen: «Ich bin ein sehr wilder Vogel und mag die Freiheit», erklärte sie einmal, ehe sie sich in den Busch schlug.

Mariannes Reiseberichte sind nicht gerade eine leicht verdauliche Lektüre. Sie hielt sich den indigenen Völkern, denen sie begegnete, für überlegen und kritisierte ihre Kultur. Marianne widmete ihr Leben dem Reichtum und der Vielfalt der Natur, trotzdem ist es bedauerlich, dass sie sich wie viele Kolonialreisende ihrer Zeit nicht darum bemühte, auch die wunderbare Bandbreite menschlicher Kultur zu begreifen.

Jeden Tag machte sich Marianne im Ochsenkarren, im Einbaum oder zu Pferd auf die Suche nach ungewöhnlichen Blumen. Manchmal wuchs sich ein Ausflug auf dem Maulesel zu einer einwöchigen Tour durch sintflutartige Regenfälle und knietiefen Schlamm aus. Der Dschungel wimmelte von Moskitos und Blutegeln, spatzengroßen Spinnen und Affen, die ihr durch den dichten Wald nachrannten. Währenddessen malte sie ununterbrochen und ließ sich auch nicht von Ameisen stören, die über ihre Leinwand krabbelten.

DIE ERFORSCHUNG DER KUNST. *Marianne malt an ihrer Staffelei, Südafrika, 1883.*

Dann kehrte Marianne heim. Aber sie blieb nicht lange, sondern machte sich gleich wieder auf, um eine Weltreise zu unternehmen. Sie erklomm Vulkane auf Teneriffa und malte in Kalifornien die riesigen Mammutbäume, dann segelte sie nach Japan, Hongkong und Vietnam. In Singapur kreischte sie vor Freude, als sie wilde Schlauchpflanzen fand. Nach Borneo, Java und Ceylon – dem heutigen Sri Lanka – folgte eine einjährige Reise durch Indien. Kaum war Marianne wieder heimgekehrt, schlug ihr der große Naturforscher Charles Darwin vor, die Flora von Australien und Neuseeland zu erkunden. Sofort segelte sie los und fuhr anschließend weiter nach Tasmanien, Südafrika und zu den Seychellen.

Da ihre Bildersammlung täglich größer wurde, brauchte sie bald eine Heimstatt. Mit der Erlaubnis des Leiters der Royal Botanic Gardens in Kew, ihres Freunds Sir Joseph Hooker, baute Marianne dort ihren eigenen Pavillon. Ihre 832 Bilder von Pflanzen, Landschaften, Vögeln und Insekten stellen nicht nur eine bildliche Weltreise dar, sondern sind inzwischen auch ein wichtiges historisches Zeugnis. Viele der von ihr gemalten Arten sind heute ausgestorben.

Zweimal hat Marianne die Welt umrundet, einmal nach Norden, einmal nach Süden, um die außergewöhnliche Vielfalt pflanzlichen Lebens auf unserem Planeten zu dokumentieren. Damit trug sie auch zu einer größeren allgemeinen Wertschätzung der Natur bei. Heute mahnen uns ihre Gemälde, uns Zeit für die vielen Wunder der Natur zu nehmen und zu ihrem Schutz beizutragen.

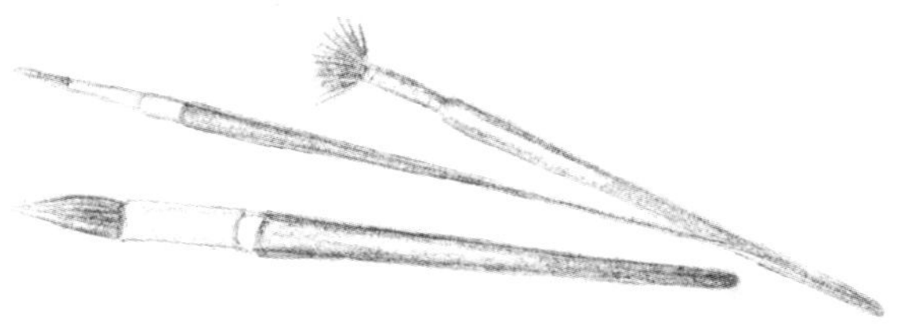

WUNDERSAME NATUR. Marianne erkundete die Berge in Sarawak, einem Bundesstaat von Malaysia, um diese staunenswerten Schlauchpflanzen zu finden und zu malen.

Isabella Bird

FOTOGRAFIN UND REISESCHRIFTSTELLERIN.

Unternahm weite Reisen um die ganze Welt.

Isabella Bird

(1831–1904)

ABENTEUER ALS HEILMITTEL

Schnee stob vom Boden auf und verwirbelte in geisterhaften Schemen. Mit einer eiskalten Hand hielt Isabella den Hut, mit der anderen die Zügel. Der frostig schneidende Wind wurde immer stärker. Ihre Augen schienen zu gefrieren. Stur, sichtblind trieb sie ihren Maulesel voran, vom zischenden, tosenden Schneesturm umhüllt. Zweiundzwanzig Stunden später hievten Dorfbewohner sie halbtot von ihrem Maulesel. Es dauerte zwei Stunden, bis die Wärme wieder in ihren Körper zurückkehrte, aber immerhin hatte sie überlebt. Andere dagegen nicht: Fünf Mann waren in dem Schneesturm umgekommen.

Als Kind litt Isabella an einer Wirbelsäulenerkrankung, die in den 1830er Jahren noch unheilbar war. Sie fühlte sich in ihrem Körper gefangen, eingeschlossen in ihrem Haus in Yorkshire. Doch ein Sommer in den schottischen Highlands änderte alles. Die offenen Weiten verliehen ihr ungeahnte Kräfte. Sie sprang über Bergflüsse und kraxelte die Hügel hinauf. Aber als sie heimkam, kehrte auch ihre Krankheit zurück. Da empfahl ihr ein Arzt, eine Seereise zu unternehmen.

DAS PONY EINER PIONIERIN.
Zeichnung von Isabellas Reitausrüstung mit Pony Birdie, aus ihrem Buch Durch die Wildnis der Rocky Mountains.

Und so machte Isabella sich auf, um das Leben einer Abenteurerin zu führen – mit der Krankheit als Alibi. Im Alter von dreiundzwanzig Jahren bestieg sie ein Schiff nach Nordamerika und reiste in sechs Monaten über neuntausend Kilometer quer durch Kanada und die USA. Doch sowie sie heimkehrte, wurde sie wieder krank.

Da sich ihre Krankheit durch die Forschungsreisen verbesserte, wurden diese bald zu ihrem Lebensinhalt. Mit einundvierzig Jahren reiste sie nach Kalifornien, wo sie dem berüchtigten Raufbold «Rocky Mountain Jim» begegnete und mit ihm in die Wildnis zog. Isabella war eine taffe Frau. Sie konnte Rinderherden zusammentreiben, am Feuer Schnee in der Blechbüchse schmelzen, um damit Wäsche zu waschen, und tötete sogar mit dem Küchenmesser Klapperschlangen. Willig ritt sie zwölf Stunden durch tiefen Schnee, um anschließend auf einer Matratze aus Kiefernzweigen auf dem Boden zu schlafen, den mexikanischen Sattel als Kopfkissen. Ihr Leben war schlicht, aber voller Abenteuer, und sie liebte es heiß und innig.

Als ihre geliebte Schwester Henrietta unheilbar krank wurde, kehrte Isabella nach England zurück und heiratete bald darauf deren Arzt. Nach dem Tod der Schwester und des Ehemanns weigerte sie sich, allein daheim vor sich hin zu trauern. Sie studierte Medizin und Fotografie und trat im Alter von sechzig Jahren eine Reise nach Indien und Ostasien an. Das Fotografieren wurde ihre neue Leidenschaft. Nun schrieb sie nicht mehr nur über die Orte und Menschen, die sie kennenlernte, sondern fotografierte sie auch.

Egal wie rau die Gegend und wie schwer ihre Fotoausrüstung war, Isabella ließ sich von nichts abschrecken. Sie entwickelte sogar selbst ihre Negative, und sei es auf einem abgelegenen Bergpfad oder einem schlichten Hausboot auf dem Jangtse in China.

AUF DEM JANGTSE. Ein von Isabella aufgenommenes Foto von ihrem Hausboot in China, 1895.

Angesichts des schlechten Zustands, in dem Isabella daheim immer war, ist es bemerkenswert, wie viel sie auf ihren Reisen auszuhalten imstande war. Sie überlebte Schneestürme, brach sich beim Sturz in einen Fluss eine Rippe und bei einem Unfall im Pferdewagen einen Arm und wurde von misstrauischen Dorfbewohnern mit Steinen beworfen. Aber das Reisen durch abgelegene Gegenden hatte auch seine guten Seiten. Sie lebte glücklich mit den Ainu auf der japanischen Insel Hokkaido zusammen, fuhr durch die furchteinflößenden Schluchten des Jangtse, entdeckte in China urwüchsige subtropische Wälder und ritt in Malaysia auf einem Elefanten. Mit siebzig Jahren reiste sie auf einem glänzenden Rappen 1 100 Kilometer durch Marokko. Als sie 1904 in Edinburgh starb, hatte sie schon ihre Sachen und Kameras für eine letzte Reise nach China gepackt.

GÖTTER UND TEMPEL.
Für Isabellas Vorträge wurden Glasdias von ihren Fotos von Hand koloriert.

ISABELLA AN IHREM SCHREIBTISCH. *Isabellas Reisebücher wurden ein so großer Erfolg, dass bald alle ihren Namen kannten.*

Isabella schrieb zahlreiche Bücher über ihre Erlebnisse und baute ein außergewöhnliches Archiv mit Fotos von Orten auf, die nur wenige Menschen aus dem Westen je gesehen hatten. Auch war sie eine beliebte Rednerin, zu deren Lesungen bis zu zweitausend Besucher kamen. Als erste Frau überhaupt wurde sie in die Royal Scottish Geographical Society und die prestigeträchtige Royal Geographical Society in London aufgenommen, womit sie eine Schranke niederriss: Endlich wurden Frauen als eigenständige Forscherinnen anerkannt. Isabellas Beispiel zeigt aber auch, dass sich niemand durch körperliche Gebrechen davon abhalten lassen sollte, ein außergewöhnliches Leben voller Abenteuer zu führen.

Alexandrine Tinné

WÜSTENFORSCHERIN.

Versuchte die Sahara
zu durchqueren.

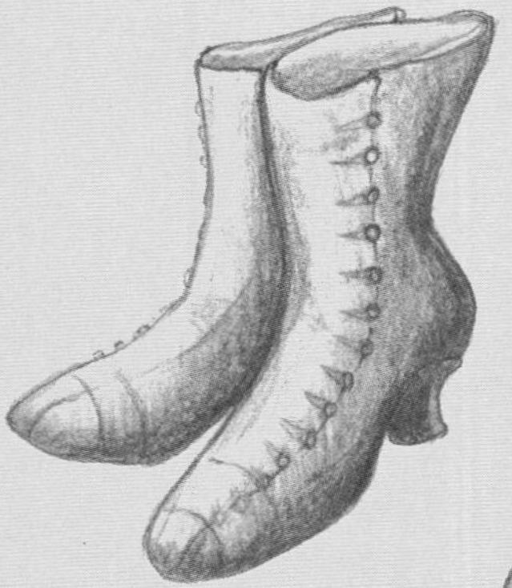

Alexandrine Tinné

(1835–1869)

VOR UNÜBERWINDBAREN SCHWIERIGKEITEN

Über dem Nil brach die Dämmerung herein. Das abendliche Gebrüll der Nilpferde wurde abgelöst von Vogelgesang. Alexine fröstelte. Der Fluss war von einem schwimmenden Wald aus Ambatch-Bäumen versperrt. Die Expedition versuchte die Vegetation niederzuschlagen, aber der Fluss blieb unpassierbar. Damit wollte sich Alexine nicht abfinden. Sie breitete in ihrer Hütte eine Landkarte aus, sah sie sich genau an, dann rief sie nach dem Kapitän. Wenn sie mit dem Boot nicht weiterkamen, würden sie die Gegend eben zu Fuß erkunden.

Alexandrine Tinné, kurz Alexine, kam in einer der angesehensten Familien Hollands auf die Welt. Die Tinnés waren abenteuerlustige Freidenker. Schon als Kind reiste Alexine mit ihren Eltern durch halb Europa. Als ihr Vater starb, führten sie und ihre Mutter Henriette ihre Reisen fort und fuhren nach Skandinavien und Ägypten. Auf Kamel und Esel ritten sie zum Roten Meer, dann besuchten sie das Heilige Land im Mittleren Osten, Syrien und den Libanon – was viele ihrer Mitbürger für unsichere Länder für allein reisende Frauen hielten.

REISENDE DAME. Dieses Ölgemälde zeigt, wie sich ein Künstler Alexine auf Abenteuerreise vorstellte, hier im Damensitz auf ihrem Pferd.

Doch diese Abenteuer genügten Alexine nicht. 1857 fuhr sie im Alter von zweiundzwanzig Jahren den Nil hinauf bis nach Wadi Halfa im Sudan. Einige der damals größten Entdecker – David Livingstone, Richard Burton und John Speke – befanden sich gerade im Wettstreit, wer die Quelle des Nils als Erster ausfindig machen würde. Da beschloss Alexine, die ehrgeizig und finanziell unabhängig war, ihre eigene Expedition zu unternehmen, um zu sehen, wie weit nach Westen sich das Nilbecken erstreckte, und die Quelle womöglich selbst zu finden.

Auf dieser Reise wurde sie von ihrer Mutter und ihrer Tante Addy sowie einer großen Entourage arabischer Helfer und Soldaten begleitet. Sie betraten ein gefährliches Terrain, in dem tropische Krankheiten, kriegstreibende Stämme und Sklavenhändler wüteten. Bisher hatte sich noch kein Europäer – und schon gar keine Frau – weiter als bis Gondokoro im Südsudan vorgewagt, aber davon ließen sich Alexine und ihre Familie nicht beirren.

TAGEBÜCHER EINER ENTDECKERIN. Alexine fertigte Skizzenbücher an, in denen sie ihre Erlebnisse in Aquarellen festhielt. Hier eine Insel in der Nähe von Khartoum und ihr Wüstenlager.

Ein Jahr verbrachten sie in der Gegend und fuhren den Weißen Nil weiter hinauf als irgendeine europäische Frau vor ihnen. Sie bestaunten Nilpferde, Elefanten, Giraffen und Strauße, fotografierten und notierten alles, was künftigen Entdeckern nützlich sein könnte. Dann erreichte sie die Nachricht, dass Speke die Quelle des Nils entdeckt habe. Doch anstatt ihre Expedition abzubrechen, beschloss Alexine, die Sumpfgebiete des Bahr al-Ghazal zu erkunden, eines Zuflusses des Nils, und dann auf dem Landweg weiterzureisen, um einen großen See zu suchen, den es angeblich in Zentralafrika gab.

Doch monatelanger Dauerregen machte jedes Vorankommen unmöglich. Das Abenteuer wurde zum Albtraum. In tobenden Stürmen brachen ihre Zelte zusammen und die ganze Gruppe wurde schwer krank. Alexines Mutter und Tante starben. Alexine selbst überlebte, aber ihr Leben war zerstört. Sie gab sich selbst die Schuld für den Tod der Menschen, die sie am meisten liebte. In ihrer Trauer fühlte sie sich außerstande heimzukehren und ging nach Kairo, wo sie einen Zufluchtsort für befreite Sklaven schuf. Dann reiste sie nach Algerien, Tunesien und in andere Länder des Mittelmeerraums.

Obwohl ihre letzte Expedition auf so schreckliche Weise gescheitert war, tat das Alexines Faszination von der Wüste keinen Abbruch. Deshalb machte sie sich 1869 in Tripoli in Libyen auf den Weg, um als erste westliche Frau die Sahara zu durchqueren und vielleicht die Quelle des Kongo zu finden. Beide Vorhaben galten als gewagt oder gar unmöglich, vor allem für eine so junge Entdeckerin.

Alexine wusste um das unerbittliche Klima, das in der Wüste herrschte. Diesmal hatte ihre über einhundert Kamele zählende Karawane zwei Eisentanks mit Wasser und alles Lebensnotwendige an Ausrüstung dabei, außerdem eine Staffelei, Leinwände und Farben, Kamera und Entwicklungsapparat, eine ganze Bibliothek und ihre botanischen und ethnologischen Belege. Schon bald verbreitete sich die Nachricht, dass die «blonde Sultanin» durch die Wüste ritt. Einige Mitglieder des Volks der Tuareg dachten, ihre Tanks seien mit Gold befüllt, und überfielen die Karawane. Im Tumult kam Alexine ums Leben. Sie wurde nur dreiunddreißig Jahre alt.

Heute sind die Reisen dieser jungen, privilegierten Frau großenteils vergessen. Aber immerhin hatte sie den Respekt anderer Entdecker erlangt. Auf einer Gedenkfeier sagte David Livingstone: «Die Arbeit von Speke und Grant verdient höchste Anerkennung. Aber niemand steht höher in meiner Wertschätzung als die niederländische Dame, Miss Tinné, die vornehm allen Schwierigkeiten widerstand, in deren Schlund sie blickte.»

Josephine Peary

POLARREISENDE.

Erkundete den Norden Grönlands.

Josephine Peary

(1863–1955)

INS EIS

Ein arktischer Sturm wütete. Er verschluckte Land, Meer und Himmel. Schneeflocken wurden zu eisigen Pfeilen, die in Gesicht und Hände stachen und den Blick trübten. Josephine Peary hatte schon einige Reisen nach Grönland unternommen, aber jetzt war sie zum ersten Mal ohne ihren Mann unterwegs. Sie drückte ihre Tochter fest an sich. Die beiden hatten sich in ihre wärmsten Pelze gepackt und waren auf das Schlimmste vorbereitet. Die nächsten Stunden sollten ihnen wie Tage vorkommen. Dann, plötzlich, Stille. Aber die Gefahr war noch nicht gebannt. Im Sturm hatte sich in der Mündung des natürlichen Hafens, in dem ihr Schiff gestrandet war, ein riesiger Eisberg verkeilt, der sich nicht einmal mit Dynamit bewegen ließ. Das Meer gefror. Jetzt waren sie an einem der unwirtlichsten Orte der Welt gefangen, ohne Hoffnung zu entkommen.

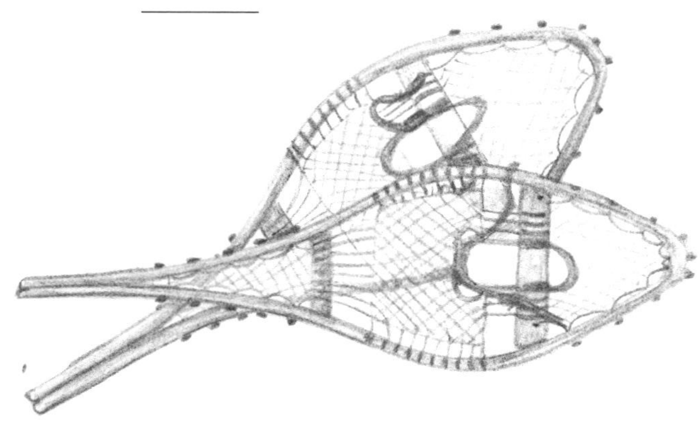

LEINEN LOS! *Jo reiste viele Male mit ihrem Mann Robert in die Arktis und unterstützte ihn bei dem Versuch, den Nordpol zu entdecken.*

Josephine Diebitsch – oder kurz Jo – war die Tochter der preußischen Immigranten Hermann von Diebitsch und Magdalena Schmid, die aus dem deutschen Verlagshaus Tauchnitz stammte. Jo hatte an einer Wirtschaftsschule in Washington studiert und die Stelle ihres Vaters als Bürovorsteher an der Smithsonian Institution übernommen.

Als sie auf einem Ball den Entdecker Robert Peary kennenlernte, war sie sehr beeindruckt. Er war leidenschaftlich und ehrgeizig, genau wie sie. Und: Er hatte große Träume. Robert wiederum war noch nie einer so klugen und willensstarken Frau begegnet – und er verliebte sich sofort in sie. Als er um Jos Hand anhielt, willigte sie ein, unter der Bedingung, ihn auf seinen Abenteuern begleiten zu dürfen.

Roberts Ankündigung im Jahr 1891, seine Frau werde ihn auf einer gefährlichen Reise in die Arktis begleiten, sorgte für Aufruhr. Eine Frau auf einer Expedition? Ein Unding! Manche meinten, es handle sich nur um einen Werbegag, andere – darunter auch Roberts Männer – meinten, Jo bringe eine wichtige Expedition in Gefahr. Aber sie ignorierte die Kritik. Sie würde als erste Frau an einer Polarexpedition teilnehmen, und die sollte für sie ein ebenso großes Abenteuer werden wie für ihren Mann.

Als sie gerade einen Monat unterwegs waren, prallte ein Eisblock gegen das Steuerruder, worauf die eiserne Ruderpinne Robert entgegengeschleudert wurde und ihm das Bein brach. Zwei Wochen lang war nun Jo die Befehlshaberin der Expedition und erteilte dem Kapitän und den anderen Männern Befehle. Auch entschied sie, wo sie ihr Hauptquartier einrichteten. Dadurch wurde der Groll unter einigen Teilnehmern der Expedition nur noch größer.

Während sich ihr Mann weiter nach Norden vorkämpfte, leitete Jo das Hauptquartier der Expedition. Aber ohne Kontakt zu ihrer Familie und ihren Freunden fühlte sie sich bald einsam. In der Nähe wohnten zwar einige Inuit-Frauen, trotzdem fiel es ihr aufgrund der großen Unterschiede in Sprache und Kultur schwer, Freunde zu finden. Die Inuit trugen Tier- und Vogelhäute und lebten in kleinen Steinhäusern oder Zelten aus Tierhaut, nur erhellt von kleinen Lampen, in denen sie Tierfett verbrannten. Sie wunderten sich über Jos blasse Haut, ihre engen Mieder und langen Kleider und waren fasziniert von ihrer Seife, ihrer Bürste und ihrem Spiegel.

Schlimmer noch als die Einsamkeit war der Winter, fünf Monate völlige Dunkelheit. Dennoch verzagte Jo nicht. Mit der Schrotflinte auf der Schulter lief sie stundenlang alleine im Mondlicht, um ihre Fallen zu überprüfen.

Oft war es so kalt, dass ihre Kleider gefroren und steif wurden. Manchmal, wenn plötzlich ein Sturm aufkam, verlor sie die Orientierung, oder sie rutschte auf dem Eis gefährlich nah an einen Klippenrand. Aber frisches Fleisch war unabdingbar, damit sie alle bei guter Gesundheit blieben. Zerschunden kehrte sie ins Lager zurück, nur um ein paar Tage später erneut auf Erkundungstour zu gehen.

SCHNEESCHUHE. *Jo wanderte oft allein hinaus in die Wildnis von Nord-Grönland, um für ihr Team nach Nahrung zu suchen.*

SCHNEEBABY. Jos Tochter Marie Ahnighito wurde in der Arktis geboren. Hier trägt sie den traditionellen Pelz der Inuit, der gut vor Kälte schützt.

Viele Male reisten die Pearys in den hohen Norden. Sogar ihre Tochter Marie wurde an der grönländischen Küste geboren. Die Inuit nannten sie wegen ihrer weißen Haut «das Schneebaby».

Nun, da die beiden ein Kind hatten, organisierte Jo die Reisen meist von den USA aus – sie hielt Vorträge, sammelte Geld für weitere Expeditionen und schickte Rettungsschiffe hinauf in den Norden, wenn Robert in Schwierigkeiten geriet. Dann kam ihre schwerste Zeit. Kurz bevor Robert wieder aufbrach, wurde Jo mit ihrem zweiten Kind schwanger. Das Baby sollte seinen Vater nicht kennenlernen. Es starb mit nur sieben Monaten. Kurz darauf erfuhr Jo, dass ihr Mann mehrere Zehen durch Erfrierung verloren hatte und sich weigerte heimzukommen. Bestürzt beschloss Jo, ihn zu sich zu holen.

Inzwischen hatte auch die Presse mitbekommen, dass man Jo nicht unterschätzen durfte. «Mrs. Peary», heißt es in einem Zeitungsartikel, «ist eine Frau, die ihren Weg gehen wird.» In ihrem Buch *My Arctic Journal* («Mein arktisches Tagebuch») beschrieb sie ihre außergewöhnlichen Abenteuer und die Frauen in den USA feierten ihre Entschlossenheit und ihren Wagemut. Eine Schlagzeile gratulierte «der furchtlosen Mrs. Peary zu ihrer Rettungsmission des berühmten arktischen Forschers».

DIE PEARYS AUF WANDERSCHAFT. Zeitungen und Zeitschriften brachten illustrierte Geschichten von den Abenteuern der Pearys.

Im Juli 1900 fuhren Jo und Marie an den Ort, an dem sich Peary angeblich aufhielt. Aber an der Tür der Hütte hing nur ein Zettel mit der schlichten Mitteilung: «Bin weiter nach Norden». Jo drängte den Kapitän zur Weiterfahrt. Doch dann kam der Sturm. Den ganzen Winter über waren sie an einem der rauesten Orte der Arktis gefangen, an dem schon viele Forscher gestorben waren. Um ihrer Tochter und der Schiffsbesatzung willen bemühte sich Jo trotz der allgegenwärtigen Gefahr, trotz Dunkelheit und Not, gute Laune zu verbreiten. Viele Jahre später schrieb Marie darüber, wie ihre Mutter ihr Schlaflieder sang und ihr dabei Tränen über die Wangen liefen.

Sowie im Frühjahr das erste Licht zurückkehrte, sandte Jo Inuit-Jäger nach Norden, um ihren Mann zu suchen. Acht lange, verzweifelte Monate waren sie und Marie von der Außenwelt abgeschnitten gewesen, die Familie getrennt. Dann begann das Eis zu schmelzen und der Eisberg, der sie eingesperrt hatte, trieb im Wasser davon. Doch trotz allem, was sie durchgemacht hatten, um Robert nach Hause zu holen, wollte dieser nicht zurück. Stattdessen war er entschlossen, seine Erkundungen fortzuführen, nun, da er dank Jo über frische Vorräte verfügte. Gebrochenen Herzens fuhren Jo und Marie allein in die USA zurück.

BASISLAGER. Im Winter 1900 strandeten Jo und Marie in einem menschenleeren Gebiet der Arktis.

1909 erklärte Robert, er habe den Nordpol erreicht. Zur gleichen Zeit behauptete jedoch ein anderer Forscher, Dr. Frederick Cook, dass er der Erste gewesen sei. Weltweit brachten die Zeitungen Geschichten über den Wettstreit der beiden. Doch als Zweifel an Cooks Version aufkamen, wurde Robert als Sieger gefeiert. Heute wird allerdings angenommen, dass Robert seine Position falsch berechnet und nie den Nordpol erreicht hat. Trotzdem waren Pearys Leistungen bemerkenswert, und Jo hatte einen bedeutenden Anteil an Roberts Überleben und an seinen Erfolgen.

Jo hat unter Beweis gestellt, dass eine Frau auf einer Polarexpedition ebenso gut zu gebrauchen ist wie ein Mann. Sie brachte das Wissen der Inuit-Kultur einem neuen Publikum nahe und erhielt für ihren Wagemut und ihre Verdienste um die Arktis die höchste Auszeichnung der National Geographic Society, die Medal of Achievement.

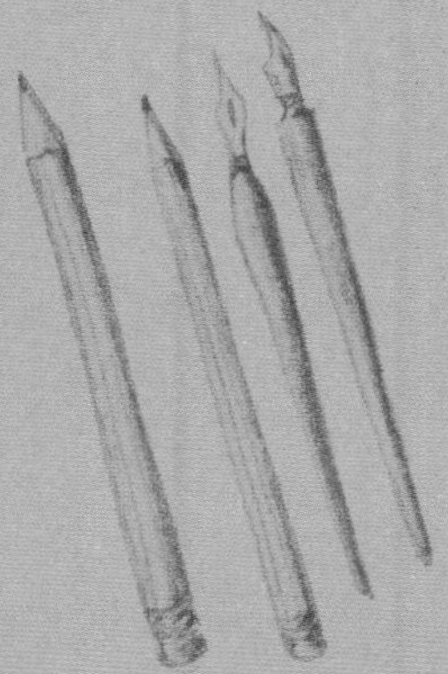

Nellie Bly

INVESTIGATIVE JOURNALISTIN.

Reiste in 72 Tagen um die Welt.

Nellie Bly

(1864–1922)

EIN WETTRENNEN GEGEN DIE ZEIT

Das Schiffshorn hallte zwischen den großen Gebäuden von New York wider und übertönte sogar die Jubelrufe der Menge. An der Reling stand eine schlanke Person, in einen eleganten langen Mantel mit Schottenmuster gehüllt. Es war der 14. November 1889 und die fünfundzwanzigjährige Reporterin hatte soeben ein Rennen gegen die Zeit begonnen.

Nellie Bly lächelte und winkte, aber als das Dampfschiff ablegte, wurde ihr doch schwer ums Herz. Schon brandete das Meer gegen das Fahrt aufnehmende Schiff. Geschichten von Seeleuten, die Sturm und Schiffbruch erlitten hatten, gingen ihr durch den Kopf. «Sind Sie etwa seekrank?», fragte jemand. «Sie macht eine Reise um die Welt!», frotzelte ein anderer, als sie sich über die Reling beugte. Aber das Gelächter machte ihr nichts aus. Sie würde in Rekordzeit um die Welt fahren und beweisen, dass eine Frau alles tun kann, wonach ihr der Sinn steht.

Nellie Bly wurde als Elizabeth Jane Cochran im US-Bundesstaat Pennsylvania geboren, aber alle nannten sie nur Pink, weil sie ausschließlich Kleider in dieser Farbe trug. Ihr Vater Michael Cochran, von Beruf Richter, starb, als sie sechs Jahre alt war. Als Pink fünfzehn wurde, ging ihrer Mutter das von ihm hinterlassene Geld aus, sodass sie ihre Tochter nicht mehr zur Schule schicken konnte. Nun musste sich Pink eine Arbeit suchen. Aber für Frauen ohne Ausbildung gab es damals nur wenige Möglichkeiten. Sie konnte entweder in die Fabrik gehen oder Kindermädchen werden.

Eines Tages las sie einen Artikel im *Pittsburgh Dispatch*, in dem es hieß, Frauen sollten heiraten, zu Hause bleiben und mit dem Unsinn aufhören, Karriere machen zu wollen. Daraufhin schrieb Pink dem Herausgeber einen wütenden Brief und unterschrieb mit «Das einsame Waisenkind». Zu ihrer Überraschung war der Herausgeber so beeindruckt von ihrem Schreiben, dass er ihr eine Stelle anbot. Sie solle sich aber ein Pseudonym suchen. Und so schrieb sie fortan unter dem Namen «Nellie Bly».

Ein Pseudonym zu haben kam Nellie sehr gelegen. Sie hatte keinerlei Angst, dafür umso mehr Ehrgeiz und ein starkes Rechtsbewusstsein. Sie stellte unangenehme Fragen und schrieb provokante Geschichten, und das zu einer Zeit, da nur wenige Zeitungen überhaupt Frauen beschäftigten. Indem sie ihre wahre Identität verschleierte, konnte sie unerkannt recherchieren und Geschichten aufdecken, über die noch kein Journalist zuvor berichtet hatte. Sie enthüllte, unter welch harten Bedingungen die Frauen in den Fabriken arbeiteten, und als sie nach New York zog, täuschte sie sogar eine geistige Krankheit vor, um in eine psychiatrische Klinik zu gelangen. Ihre Augenzeugenberichte für die *New York World* über die grausame Behandlung der Patienten waren etwas vollkommen Neues. Nellie Bly führte damit einen Reportagestil ein, den wir heute investigativen Journalismus nennen.

An einem Sonntag im Jahr 1888 kam Nellie eine brillante Idee für eine neue Arbeit. Sie würde die Welt in Rekordzeit umrunden! Damals gab es noch keine Flugzeuge und nur wenige Autos. Die Menschen reisten per Schiff, Zug oder Kutsche. Etwas Ähnliches hatte bis dahin nur Phileas Fogg versucht, eine Figur aus einem Roman von Jules Verne, deren eingebildete Reise achtzig Tage dauerte. 35 400 Kilometer in nur achtzig Tagen zurückzulegen schien damals unmöglich, aber Nellie wollte sogar noch schneller sein.

Der Herausgeber der *New York World* schüttelte nur mit dem Kopf, als sie ihm ihren Plan darlegte. Er meinte, zu einer solchen Leistung sei höchstens ein Mann fähig. «Wie Sie meinen», erwiderte Nellie. «Dann schicken Sie Ihren Mann los und ich mache mich am selben Tag für eine andere Zeitung auf den Weg. Und ich werde ihn besiegen.» – «Ja», antwortete er nachdenklich, «davon bin ich überzeugt.»

Ein Jahr später rief er sie erneut in sein Büro und fragte sie: «Könnten Sie übermorgen Ihre Reise um die Welt antreten?» Nellie verschenkte keine einzige Minute. Sie kaufte sich eine kleine Tasche, in die sie nur das Allernotwendigste stopfte, und besorgte sich zwei Uhren: Eine sollte während der gesamten Reise die New Yorker Zeit anzeigen, die andere wollte sie auf die jeweilige Zeitzone einstellen, durch die sie fuhr.

Von New York ging es zuerst nach England. Dann machte Nellie einen Abstecher nach Frankreich, um Jules Verne zu treffen, und fuhr anschließend an Italien vorbei durch den Suezkanal in Ägypten nach Jemen am Roten Meer. Als Nächstes ging es weiter nach Sri Lanka, Malaysia, Singapur und China.

Nellie erlebte auf ihrer Reise wunderbare Dinge. Sie durchquerte antike Städte, fuhr in Rikschas, aß

GEWIEFTE REISENDE. Nellie in ihrem Reise-Outfit im Februar 1890, nach ihrer Rückkehr von ihrem weltumspannenden Abenteuer.

scharfe Currygerichte und trank mit japanischen Geishas Tee. Sie sah riesige goldene Buddha-Statuen, begegnete Händlern, die glänzende Juwelen verkauften, und beobachtete jugendliche Perlentaucher. In Singapur kaufte sie sich sogar einen Affen und nannte ihn McGinty. Am Ende wurde sie glücklicherweise auch von ihrer Seekrankheit geheilt.

Tausende Leser verfolgten ihre Reise und lasen wissbegierig ihre Geschichten, die sie per Überseetelegramm – eine durch unterseeische Kabel verschickte Nachricht – an die *New York World* sandte.

Zunächst lief alles nach Plan. Aber als Nellie Hongkong erreichte, bekam sie leider eine schlechte Nachricht. Die Zeitschrift *Cosmopolitan* hatte ihrerseits eine Reporterin losgeschickt, Elizabeth Bisland, um Nellie zu schlagen. Schlimmer noch: Bisland lag bereits mehrere Tage vorn. Aber davon ließ sich Nellie nicht beeindrucken. «Ich mache mit niemandem einen Wettlauf», sagte sie. «Ich mache einen Wettlauf mit der Zeit.»

Nur vier Wochen blieben Nellie, um ihre Reise zu beenden. Sie musste noch nach Japan und dann den Pazifischen Ozean und den ganzen amerikanischen Kontinent durchqueren, bis sie wieder in New York war. Stürme tobten um ihr Schiff, die Bahngleise wurden unter Schnee begraben, aber sie drängte immer weiter. Schon bald hatte sie Elizabeth Bisland hinter sich gelassen.

Nellies tollkühne Reise setzte bei der amerikanischen Bevölkerung Fantasien frei. Von weither kamen die Menschen angereist, nur um einmal mit eigenen Augen ihren Zug zu sehen. In langen Reihen standen sie an den Gleisen, während der Zug vorbeidampfte, und jubelten ihr lauthals zu. Inzwischen war Nellie die berühmteste Frau der USA. Tausende Menschen begrüßten sie, als sie in Jersey City aus dem Zug stieg. Sie nahm ihre Kappe ab und jauchzte. Sie hatte die Welt in zweiundsiebzig Tagen, sechs Stunden, elf Minuten und vierzehn Sekunden umrundet und damit einen Weltrekord aufgestellt.

WELTBERÜHMT. Eine Zeichnung in einer Zeitung zeigt die Menschenmenge, die Nellie bei ihrer Rückkehr begrüßte.

Nellie schrieb auch danach weiter und setzte sich für Menschen ein, die keine Stimme hatten. Sie heiratete und führte ein großes Unternehmen, aber Berühmtheit erlangte sie vor allem durch ihre Weltumrundung. Als sie heimkam, rief der Bürgermeister von Jersey City der kreischenden Menge zu: «Niemand wird mehr das amerikanische Mädchen verkennen! Es ist willensstark, unabhängig und kann sich in jeder Lage selbst helfen.»

Alexandra David-Néel

PILGERIN UND AUTORIN.

Reiste zur verbotenen Stadt Lhasa.

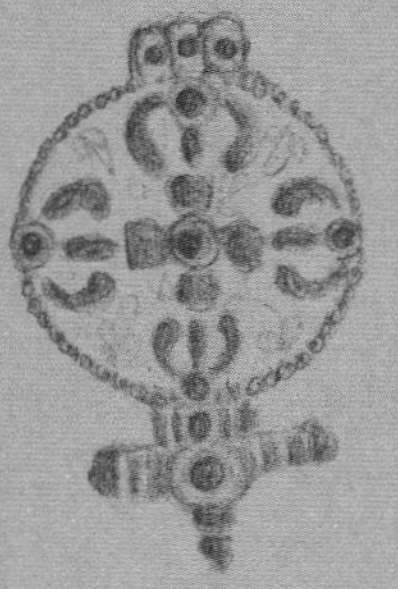

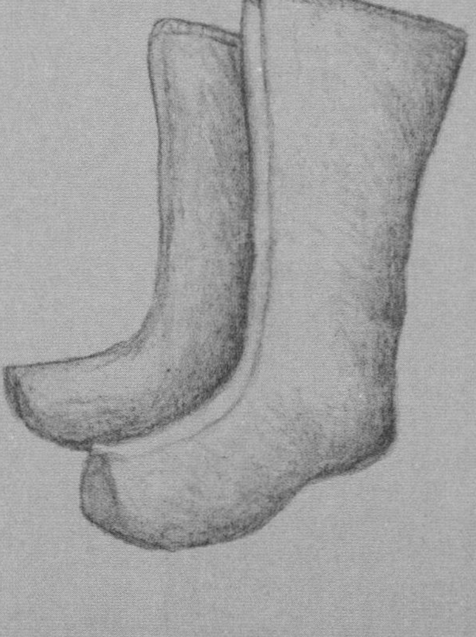

Alexandra David-Néel

(1868–1969)

EINE SPIRITUELLE REISE

Die Dämmerung brach über dem hohen Bergpass herein. Es herrschte vollkommene Stille. Alexandra betrachtete das alles, und ihr Herz hüpfte vor Glück. Da, eine Bewegung. Ein Schneeleopard. Alexandra sah, wie er langsam auf sie zutrottete, und flüsterte mit sanfter Stimme: «Du musst nicht denken, dass du etwas Besonderes bist. Ich habe auch schon einen Tiger von Nahem gesehen.» Da lief der Schneeleopard weiter und Alexandra fiel in einen tiefen Schlaf.

In Frankreich geboren, in Belgien aufgewachsen, suchte Alexandra von klein auf das Abenteuer. Oft rannte sie von zu Hause weg, einmal sogar bis nach London. Mit siebzehn Jahren überquerte sie – nur mit einem Regenmantel und einem Buch über griechische Philosophie unter dem Arm – allein und zu Fuß die Schweizer Alpen.

Alexandra faszinierte die buddhistische Mythologie. Und sie liebte das Singen. Als sie in Paris Musik studierte, las sie alles, was sie über buddhistische Sakralkunst, hinduistische Philosophie und den chinesischen Taoismus finden konnte. Mit einundzwanzig Jahren wurde sie Buddhistin. Mit sechsunddreißig unternahm sie ihre größte Reise, die vierzehn Jahre dauerte und sie durch Europa und Asien bis zur verbotenen Stadt Lhasa in Tibet führte.

REISEGEFÄHRTEN.
Alexandra und Yongden, hier auf einem in Nord-Tibet aufgenommenen Foto, waren schnell unzertrennlich.

1912 reiste Alexandra nach Indien und dann weiter nach Sikkim, ein gebirgiges Königreich im Himalaya, wo sie in einer Höhle lebte und den Buddhismus studierte. Dort traf sie auch den Dalai Lama, wurde Schülerin des Abtes Gomchen von Lachen und freundete sich mit dem jungen Lama Aphur Yongden an, den sie adoptierte und zu ihrem lebenslangen Reisegefährten machte.

FREUNDE IN HÖCHSTEN HÖHEN. Der Maharadscha von Sikkim, Sidkeong Tulku, und königliche Reisegefährten begleiteten Alexandra 1914 in Sikkim.

Gemeinsam reisten Alexandra und Yongden durch Burma, Bhutan, Japan und Korea, dann durchquerten sie mit Yak, Maultier und zu Fuß China, bis sie das Kloster Kumbum vor den Toren Tibets erreichten. Dort studierte Alexandra drei Jahre lang antike Texte und lernte Tibetanisch. Außerdem ließ sie sich eine schwierige Yogatechnik beibringen, mit der sie allein durch Meditation ihre Körpertemperatur erhöhen konnte, was ihr auf ihrer Reise durch den eisigen Himalaya zur verbotenen Stadt Lhasa noch von großem Nutzen sein sollte.

Als es an der Zeit war zu gehen, ließen Alexandra und Yongden fast ihren gesamten Besitz im Kloster zurück, insbesondere alles, was sie als Menschen aus dem Westen entlarven würde, wie zum Beispiel ein Löffel. Wenn Alexandra erkannt würde, könnte das ihre Ausweisung, Verhaftung oder Schlimmeres zur Folge haben. Die beiden reisten als religiöse Pilger, sogenannte Arjopas. Yongden trug seine Lamagewänder, und Alexandra, die inzwischen auf die fünfzig zuging, verkleidete sich als seine mittellose Mutter. Um ihr Gesicht dunkler zu machen, beschmierte sie es mit

Fett und Ruß aus ihrem Kochtopf, sie färbte sich die Haare mit Tinte und flocht Zöpfe aus Jak-Haaren hinein.

Aus Flusswasser, Butter und Salz kochten sie traditionellen Tee. Sie aßen Tsampa – Mehl aus gerösteter Gerste –, das sie manchmal mit Butter verfeinerten. Als sie an Weihnachten nichts mehr zu essen hatten, erhitzten sie Schnee und machten sich aus gekochten Lederstücken von ihren abgetragenen Schuhen eine «Suppe». War es irgendwo zu kalt oder zu gefährlich, um sich schlafen zu legen, liefen sie einfach die Nacht über weiter. Manchmal versuchten mit Messern bewaffnete Diebe ihre wenige Habe zu stehlen. Zornig schlug Alexandra sie alle in die Flucht.

Im Januar 1924 erblickten die beiden Pilger erschöpft und halb verhungert endlich in der Ferne den Ort, den sie so sehnlich erreichen wollten. Unter ihnen, im Herzen der verbotenen Stadt, thronte der prachtvolle Potala-Palast, der Regierungssitz der Dalai Lamas. Damit war Alexandra der erste Mensch aus dem Westen, der im tiefsten Winter den Transhimalaya überquerte und die verbotene Stadt betrat.

Ihr Buch *Arjopa. Die erste Pilgerfahrt einer weißen Frau nach der verbotenen Stadt des Dalai Lama* machte bei seiner Veröffentlichung im Jahr 1927 Furore. Noch wichtiger war aber, dass es ein bemerkenswertes Zeugnis eines Ortes darstellte, vor dem Alexandra tiefen Respekt hatte. Sie war eine außergewöhnliche Frau, eine Entdeckerin der Welt und Abenteurerin des Geistes. Sie reiste bis an ihr Lebensende und ließ mit 100 Jahren sogar noch einmal ihren Reisepass verlängern! Alexandra lebte ganz nach dem selbsterdachten Motto: «Gehe, wohin dich dein Herz führt und wohin dein Blick fällt.»

SCHWESTERN. Alexandra verkleidete sich als einheimische Pilgerin, um nach Tibet zu gelangen. Hier sitzt sie bei Nonnen aus dem Kloster Choten Nyma, 1914.

Freya Stark

WÜSTENFORSCHERIN UND

REISEAUTORIN.

Erstellte neue Landkarten von Teilen Irans und Jemens.

Freya Stark

(1893–1993)

IM TREIBSAND

Hitze wallte von der verbrannten Erde auf. Der Sand trieb unter ihren Füßen dahin und zog wie Rauch über die Dünen. Seltsame Schemen kamen geräuschlos auf sie zu. Freya schirmte ihre Augen vor der gleißenden Sonne ab und starrte ihnen erstaunt entgegen. Es waren Kamele. Eine riesige Herde. Bald stand Freya zwischen fünfhundert Tieren mit ihren Reitern. Sie war wie gebannt. «Ich hätte nie gedacht, dass meine erste Begegnung mit der Wüste von so schockhafter Schönheit sein würde», schrieb sie.

Freya wurde in Paris geboren, verbrachte ihre Kindheit aber in England und Italien. Ihre Mutter Flora war eine italienische Pianistin, ihr Vater Robert ein britischer Künstler. Robert ermunterte Freya und ihre Schwester zur Abenteuerlust, und durch die beständige Ermutigung lernte sie im Laufe ihrer Kindheit und Jugend, dass sie sich niemals durch ihre Ängste aufhalten lassen sollte.

Mit dreizehn Jahren hatte Freya allerdings einen schrecklichen Unfall. Ihre Haare verfingen sich in einer Teppichfabrik in einer Maschine, und sie bekam Todesangst. Während ihrer

DER KAMELZUG. *Tief in der Arabischen Wüste begegnete Freya langen Karawanen von Händlern auf ihren Kamelen.*

Genesung brachte sie sich selbst Latein bei und las Bücher auf Französisch und Deutsch. Ihr Lieblingsbuch *Tausendundeine Nacht* hatte sie immer und überall dabei. Sie träumte davon, selbst eines Tages die Arabische Wüste zu durchqueren und untergegangene Städte zu entdecken.

Als 1914 der Erste Weltkrieg ausbrach, meldete sich Freya freiwillig als Krankenschwester an der italienischen Front, träumte aber weiterhin von der fernen Wüste. Im November 1927 schließlich bestieg sie ein Frachtschiff und fuhr darauf in den Libanon. Die raue See machte ihr ebenso wenig aus wie der Umstand, dass das Schiff vollbeladen mit Schweinen war – Hauptsache, ihr Leben als Abenteurerin konnte endlich beginnen.

Für ihre gewagten Reisen und ihren Einfluss in der Region bewunderte Freya die großartige Entdeckerin Gertrude Bell, besser bekannt als die Wüstenkönigin. Aber Freya wollte noch weiter gehen.

LEICHTES REISEN. *Freya nahm auf ihren Erkundungsreisen gern nur einen Führer mit. Hier ist sie in Dschabal ad-Duruz in Syrien, 1928.*

In Beirut studierte sie unzählige Landkarten und sprach mit Gelehrten, dann machte sie sich auf den Weg, um einige der schwierigsten Gegenden Iraks, Syriens und des Libanon zu erkunden. Glühende Hitze, unwirtliches Land und Gebiete im Würgegriff politischer Unruhen erwarteten sie. Obwohl sie nur nachts auf abgeschiedenen Wegen reiste, wurde sie aufgegriffen und als Spionin angeklagt. Doch da Freya auf alle Menschen offen und mit einem Lächeln zuging, wurde sie drei Tage später wieder freigelassen – nachdem sie sich mit den Leuten, von denen sie festgenommen worden war, angefreundet hatte.

Mit einem einzigen Führer machte sich Freya von Baghdad im Irak auf die Suche nach der legendären Zitadelle eines mittelalterlichen Prinzen, der auf seine Feinde Killer angesetzt hatte. Obwohl sie an Ruhr und Malaria erkrankte, fand sie die Zitadelle, entzückte die Anführer der Stämme und erklomm ohne Schuhe heimtückische Felswände. Sie brachte neue Landkarten, Fotografien und außergewöhnliche Geschichten mit nach Hause. Die ebenso informativen wie unterhaltsamen Beschreibungen ihrer Erlebnisse veröffentlichte sie in ihrem Buch *Durch das Tal der Mörder*, das sie bald zu einer weltweit beliebten Reiseautorin machen sollte.

Freya korrigierte die Lage des abgeschiedenen Elburs-Gebirges im Iran auf der Landkarte und fand heraus, wo sich die antike arabische Hafenstadt Cana in Jemen befand. Sie folgte der Route Alexanders des Großen und lief über vergessene Handelswege durch Irak, Iran, Afghanistan, Samarkand und die zentralasiatischen Sowjetrepubliken.

Noch mit über achtzig Jahren ritt sie durch das Annapurna Himal in Nepal und fuhr mit dem Floß über den Euphrat.

EXTREME HERAUSFORDERUNGEN. *Freyas außergewöhnliche Reisen wurden 2003 auf einer britischen Briefmarke verewigt.*

Als Entdeckerin und Gelehrte von Weltrang erhielt sie zahlreiche Auszeichnungen und Medaillen und wurde 1972 zur Dame Commander ernannt, das war der zweithöchste Adelstitel im British Empire. Sie starb im hohen Alter von 100 Jahren.

Menschen, die von Ort zu Ort hetzen, nur um behaupten zu können, einmal dort gewesen zu sein, machten Freya traurig. Für sie lag das größte Glück im Reisen selbst und darin, jede Minute zu genießen. «Die wahrhaft wilde Seele will nicht die Welt sehen, sie will sein», sagte sie. «Das Entscheidende ist nicht, was man sieht, sondern wie man es sieht.»

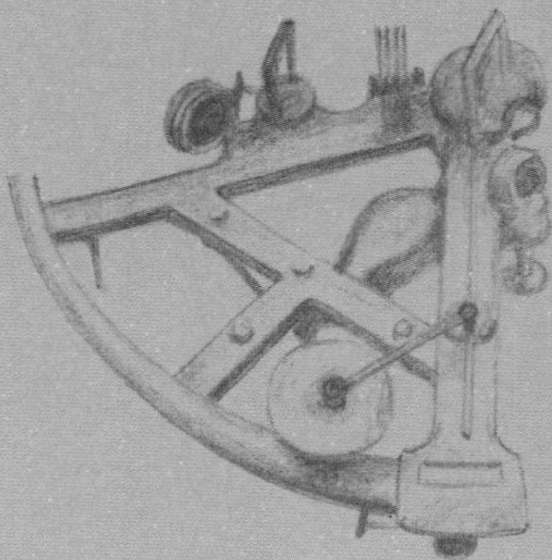

Jean Batten

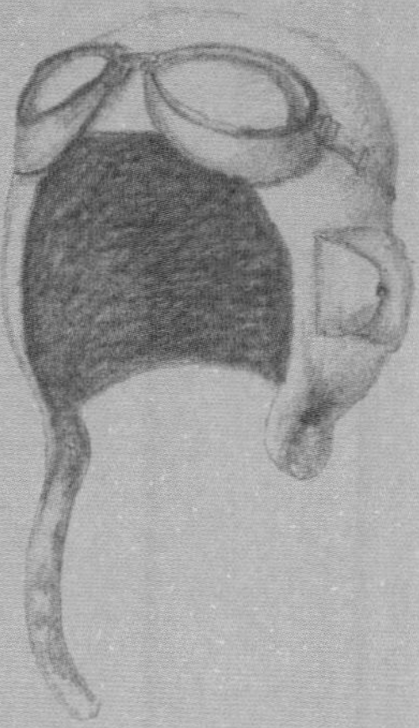

FLIEGERIN UND REKORDBRECHERIN.

Flog allein von England nach Neuseeland.

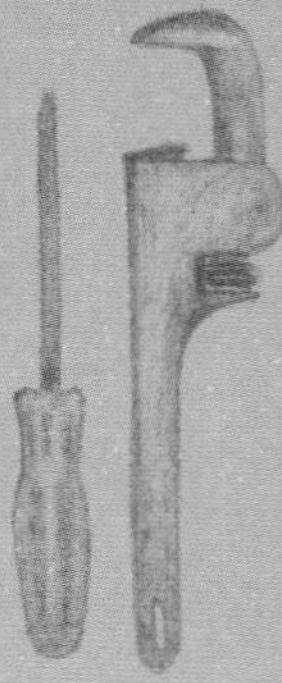

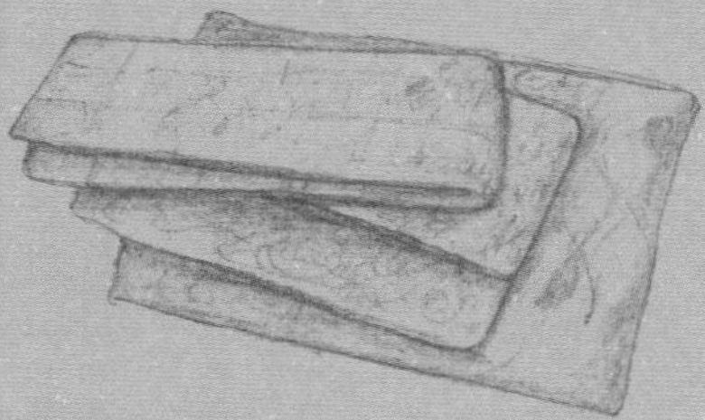

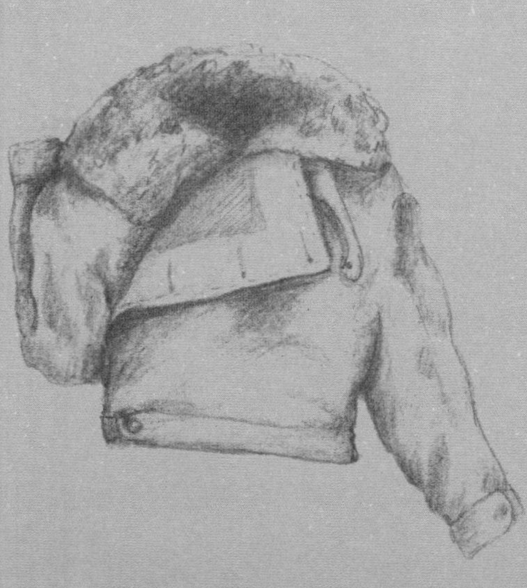

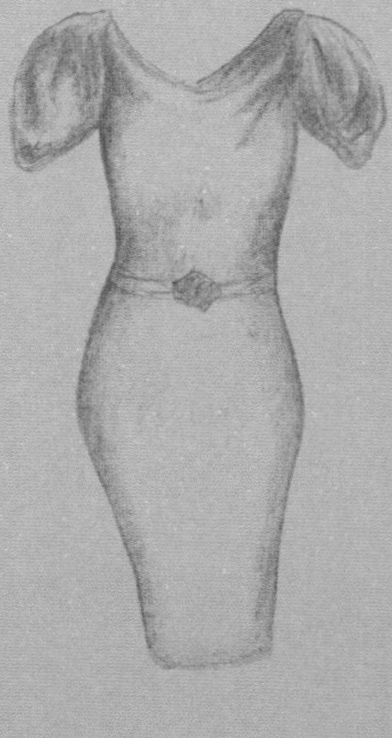

Jean Batten

(1909–1982)

SOLOFLUG

Laut und monoton dröhnte der Motor des Doppeldeckers. Plötzlich, über Syrien, ein Sandsturm. Der Flieger wurde wie ein Spielzeug durch die Luft gewirbelt, ehe er zu Boden ging. Jean stellte den Motor ab und landete auf einem kargen Pfad in der Wüste. Sie hatte Schnittwunden und Prellungen, aber sie hatte überlebt. Sie wand sich aus dem Cockpit, legte sich in den Sand und schlief vor Erschöpfung ein.

Jean Batten wurde in Rotorua in Neuseeland geboren, zu einer Zeit, als Fliegen das Tollkühnste war, was man auf Erden unternehmen konnte. In den 1910er Jahren durften nur Männer Flugzeuge lenken, weil es so gefährlich war. An den Wochenenden ging ihre Mutter Nellie mit ihr zu einer Flugschule in der Nähe, um sich die Wasserflugzeuge anzusehen. Begeistert schaute Jean den jungen Piloten zu, die mit ihren Fliegern über die Wasseroberfläche glitten und sich in die Luft erhoben. Jean wollte unbedingt mit ihnen mitfliegen.

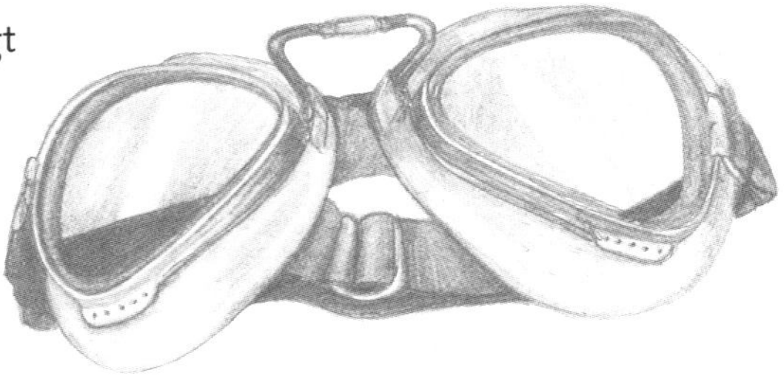

SOLOFLUG. *Schon als junges Mädchen wollte Jean unbedingt fliegen. Sie wurde eine der bedeutendsten Fliegerinnen der Welt.*

Da schrieb ihre Mutter dem australischen Flieger Charles Kingsford Smith einen Brief, ob er ihr nicht das Fliegen beibringen könne. Mit neunzehn Jahren durfte Jean in seinem Flugzeug *Southern Cross* mitfliegen. Unter ihnen die Blue Mountains von New South Wales. Die Flüsse wurden zu funkelnden Bändern. Die Häuser klein wie Sandkörner auf der roten Erde. «Das ist es!», rief sie über das Dröhnen des Motors hinweg. «Genau das will ich machen!»

1930 fuhr Jean mit dem Schiff nach London und trat in den London Aeroplane Club ein. Hier bot sich Frauen die seltene Möglichkeit, eine Ausbildung zur Pilotin zu machen. Als Jean damit begann, flog Amy Johnson, die ebenfalls Mitglied im Club war, gerade als erste Fliegerin allein von England nach Australien. Jean wollte sogar noch weiter, von England bis nach Neuseeland.

Sowie sie ihren Flugschein hatte, musste Jean allerdings die Rückreise antreten. Ihre Mutter hatte ihr Klavier verkauft, um die Flugstunden bezahlen zu können, aber jetzt war alles Geld ausgegeben. Währenddessen stellten andere Fliegerinnen immer neue Rekorde auf. 1931 flog Amy von London nach Moskau, dann über Sibirien nach Japan – schneller als irgendjemand zuvor. 1932 überquerte Amelia Earhart als erste Frau allein und ohne Zwischenstopp den Atlantik. Langstreckenflieger galten als glamouröse Draufgänger. Das wollte Jean auch sein. Amy und Amelia hatten betuchte Sponsoren, Jean dagegen besaß überhaupt kein Geld. Aber mit Charme und Ausdauer gelang es ihr, einen Doppeldecker aus zweiter Hand zu erwerben, eine aus Holz und Stoff gefertigte Gipsy Moth. Amy war in zwanzig Tagen von England nach Australien geflogen. Jean wollte es in vierzehn Tagen schaffen.

Am 9. April 1933 erhob sich Jeans Doppeldecker in die Lüfte und machte sich auf den Weg Richtung Süden. Jean war jedoch nur das milde britische Wetter gewohnt. Jetzt wurde sie durch Nebel, Sandstürme und Monsune gezwungen, an Orten zwischenzulanden, die für ihr nicht sehr stabiles Flugzeug gefährlich waren. Einmal wäre es fast in einem Sumpf versunken. Über Indien überschlug es sich und stürzte ab. Wie durch ein Wunder blieb Jean unverletzt. Sie benötigte zwei weitere Versuche, bis ihr Vorhaben endlich gelang: Sie erreichte das Nordende Australiens in vierzehn Tagen und zweiundzwanzig Stunden. Nach einer enthusiastischen Begrüßung flog sie umgehend zurück nach England, womit sie als erste Frau Hin- und Rückflug meisterte.

HELDIN DER LÜFTE. *Jean steht im Fliegerdress auf dem Flügel ihres Doppeldeckers, 1934.*

Jean brach noch einige weitere Rekorde, und 1936 machte sie ihren Traum wahr, als erster Mensch allein von England nach Neuseeland zu fliegen. Tausende kamen, um sie bei der Landung zu begrüßen. Sie war eine herausragende Pilotin, sowohl was ihre Flug- als auch ihre Navigationskünste betraf. Mithilfe von Landkarten, einer Uhr und einem Kompass wusste sie immer genau, wo sie sich gerade befand und wohin sie flog. Sie erhielt zahlreiche Auszeichnungen und gewann als erste Frau die Medaille der Fédération Aéronautique Internationale, die höchste Ehrung in der Luftfahrt.

1939 hängte Jean ihre Flugbrille jedoch für immer an den Nagel, um den Rest ihres Lebens in aller Stille und fern des Trubels zu verbringen. Deshalb ist sie heute vielleicht weniger bekannt als Amy Johnson oder Amelia Earhart, aber ihre Leistungen waren nicht minder beeindruckend. Vor dem Flughafen von Auckland steht eine Statue von ihr, um einer Frau zu gedenken, die die Fantasie einer ganzen Generation beflügelte und die Schranken von Zeit, Distanz und Geschlecht niederriss.

WIEDER DAHEIM. Jean Batten und die Reiseführerin Bella Papakura begrüßen sich mit dem Hongi, einem traditionellen Begrüßungsritual der Māori.

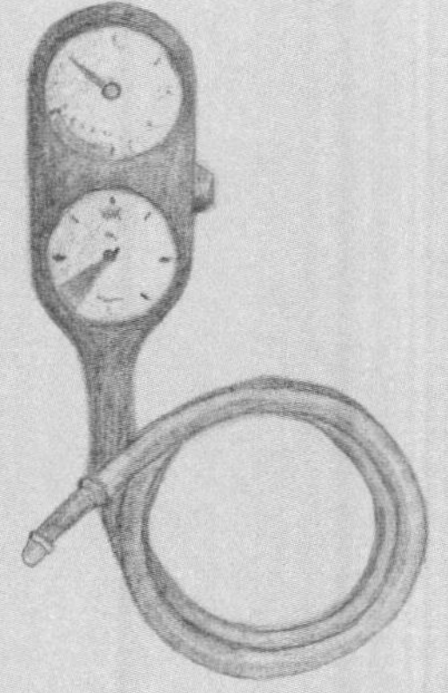

Sylvia Earle

MEERESBIOLOGIN UND OZEANFORSCHERIN.

Erforschte den Meeresgrund.

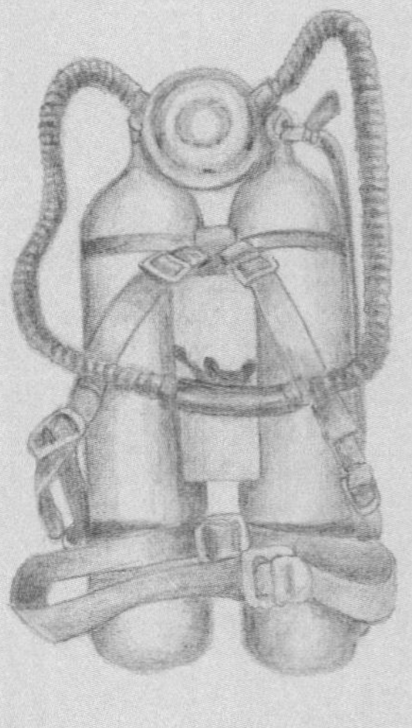

Sylvia Earle

(*1935)

EIN LEBEN UNTER WASSER

Dunkel war es auf dem Meeresgrund. Aber anders dunkel als auf dem Land, wo zumindest der Mond oder die Sterne ihren Schimmer auf die Erde warfen. Hier herrschte tintenschwarze Nacht, unendlich tief, unendlich mysteriös, nur durchbrochen von den Scheinwerfern des Unterwasserfahrzeugs Star II. Die Lichtstrahlen erhaschten langbeinige rote Krabben auf pinken Korallenfächern. Ein Hai kam herangeschwommen, beäugte Sylvia eine Zeitlang und drehte wieder ab. Dann zuckte ein Schwarm Rochen vorbei. Leichtfüßig schritt Sylvia über den Meeresboden. Dieses Abenteuer war von Grund auf anders als alles, was sie zuvor erlebt hatte.

Sylvia wuchs auf einer Farm im US-Bundesstaat New Jersey auf, mit einem Teich, einem Bach und einem alten Obstgarten. Die meiste Zeit verbrachte sie am Teich, wo sie jedes Lebewesen und jede Algenblüte in ihr Notizbuch eintrug. Als Sylvia zwölf Jahre alt war, zog ihre Familie nach Dunedin, Florida, nur wenige Schritte vom Golf von Mexiko entfernt. Sylvia ließ sich im warmen, funkelnden Wasser treiben und staunte über das reichhaltige Leben, das sie unter sich sah.

DIE AQUANAUTIN. *Mit diesem unter Druck stehenden Panzertauchanzug namens Jim konnte Sylvia selbst im tiefen Wasser atmen.*

Wenn sie nicht im Meer war, war sie in der Bibliothek. Ihr Lieblingsautor hieß William Beebe, ein Meeresbiologe, der in den 1920er Jahren die Tiefen der Ozeane erforscht hatte. Sylvia wollte auch diesen Beruf ergreifen, aber ihre Eltern konnten es sich nicht leisten, sie aufs College zu schicken. Deshalb lernte Sylvia fleißig, um ein Stipendium zu bekommen, und nahm alle möglichen Arbeiten an, um ihre Ausbildung selbst zu finanzieren.

In den 1960er Jahren bekamen nur wenige Wissenschaftlerinnen die Gelegenheit zur Feldarbeit. 1964 wurde Sylvia auf eine wissenschaftliche Reise zum Indischen Ozean eingeladen, mit Aufenthalten in Ostafrika, auf den Seychellen, in Kenia, Ägypten, Griechenland und Italien. Dank ihrer herausragenden Forschungen zu Meeresalgen bekam sie bald weitere Einladungen. Inzwischen Mutter von zwei Kindern und mit Doktortitel, forschte sie immer munter weiter. Sie reiste zu den Galapagos-Inseln, den Juan-Fernández-Inseln in Chile und ins Gebiet des Panamakanals.

Dann erfuhr Sylvia von zwei revolutionären Vorhaben, dem Man-In-Sea-Projekt und Tektite, bei denen Menschen in abgeschlossenen Unterwasserstationen auf dem Meeresgrund leben und arbeiten sollten. Eine Idee, so bahnbrechend wie der Versuch, in den Weltraum zu fliegen. Sylvia wurde als Leiterin eines nur aus Frauen bestehenden Aquanautenteams ausgewählt. Im Sommer 1970 tauchten sie vor den Jungferninseln ins Meer ab und schwammen zu ihrem neuen Zuhause auf dem Meeresgrund, um Beobachtungen und Fotos von der Umgebung zu machen.

In den nächsten Jahren reiste Sylvia als wissenschaftliche Leiterin von Expedition zu Expedition. Sie folgte Pottwalen rund um die Welt, erforschte Korallenriffs und entdeckte außergewöhnliche Lebewesen wie den Kleinen Laternenfisch, unter dessen beiden Augen ein biolumineszierender Punkt leuchtet.

Dann, im September 1979, fuhr sie nach Hawaii, um den tiefsten Tauchgang ohne Absicherung per Seil zu versuchen, der bis dahin gemacht wurde. Die *Star II* sollte sie auf eine Tiefe von 381 Metern bringen, von wo aus sie allein den Meeresgrund erkunden wollte. Die Risiken waren enorm. In dieser Tiefe konnte das kleinste Problem tödlich enden. Wenn die Sauerstoffzufuhr ausfiele, würde sie ersticken. Wenn der Anzug einen Riss bekäme, würde sie vom immensen Druck der Wassermassen zerquetscht.

UNTER WASSER ZU HAUSE. *Sylvia in den Tiefen des Meeres, im Sommer 1970 auf der Mission Tektite II vor den Jungferninseln.*

Tief unten im Meer kam sich Sylvia vor, als erkundete sie die Oberfläche des Mondes. Doch im Gegensatz zum Mond gab es hier Leben. Sylvia staunte über den schlanken Blitzlichtfisch und die Funken lebenden Lichts – Biolumineszenz –, die die winzigen durchscheinenden Wesen ausstrahlten, die gegen ihre Taucherbrille prallten. Allein und ungebunden, erkundete sie den Meeresgrund in einer Tiefe, die kein Mensch je zuvor oder danach gesehen hat.

Vierzig Jahre lang gehörte Sylvia zur Speerspitze der Meeresforschung und verbrachte Tausende Stunden unter Wasser. In Anspielung auf den Titel der Königin, «Her Royal Highness», wurde sie liebevoll «Her Deepness» genannt. Sie war eine Pionierin der Erforschung mariner Ökosysteme, entwickelte neue Technologien für Untersuchungen im Meer und für Ferndiagnosen und ist bis heute eine rastlose Anwältin unserer Ozeane. Das Meer, sagt Sylvia, ist das blaue Herz unseres Planeten, und wir müssen uns gut darum kümmern: «Ohne Meer kein Leben. Ohne Meer keine Menschen.»

MARINEWUNDER. Sylvia untersucht vor der Insel Bonaire in der Karibik einen riesigen Zylinderschwamm.

Junko Tabei

BERGSTEIGERIN UND UMWELTSCHÜTZERIN.

Bestieg die höchsten Berge der Welt.

Junko Tabei

(1939–2016)

HIMMELHOCH JAUCHZEND

Die Lawine kam ohne Vorwarnung, still und tödlich. Binnen Sekunden war ihr Zelt unter Schnee begraben. Junko versuchte sich hinauszuwinden, aber ihre Arme und Beine waren unter ihren vier Gefährtinnen eingeklemmt. Panikartig, verzweifelt schnappte sie nach Luft. Es bis hierher zu schaffen hatte sie immense Kraft gekostet, und jetzt sah es so aus, als würde sie unter der tödlichen Umarmung des Mount Everest erfrieren. Doch als sie schon alle Hoffnung aufgegeben hatte, stießen plötzlich Hände durch den Schnee und zerrten sie hinaus in Sicherheit.

Zum ersten Mal klettern ging Junko mit ihrer Grundschulklasse, 1949 bestiegen sie den Nasu, einen vulkanischen Berg in Japan. Da war Junko zehn Jahre alt. Es kam ihr so vor, als existierte dort oben auf dem Gipfel eine andere Welt. Es war Sommer, aber kalt, während der von einer Thermalquelle gespeiste Gebirgsbach brühendheißes Wasser führte. Da begriff Junko, dass es in der Natur viele staunenswerte Dinge zu erleben gab, und sie beschloss, dass sie die Welt erkunden wollte.

DIE GRÖSSTMÖGLICHE HERAUSFORDERUNG. Junko und ihr Sherpa-Führer Ang Tshering bereiten sich im Mai 1975 auf die Besteigung des Mount Everest vor.

Junko hatte sechs Geschwister. Sie kam aus Fukushima, einer ländlichen Gegend, in der nur wenige Mädchen eine weiterführende Schule besuchten und fast keine von ihnen studierte. Junko war die Ausnahme. Aber sie konnte mit den anderen Studierenden in Tokio nicht viel anfangen. Ihre Flucht waren die Berge. Fast jedes Wochenende ging sie wandern oder klettern. Nach ihrem Abschluss trat sie mehreren Bergsteigergruppen bei, um auf Expedition zu gehen. Mitte der 1960er Jahre hatte sie schon die höchsten Berge Japans, darunter auch den Fuji, bestiegen. Jetzt träumte sie davon, mit einem Team aus lauter Frauen den Himalaya zu erklimmen.

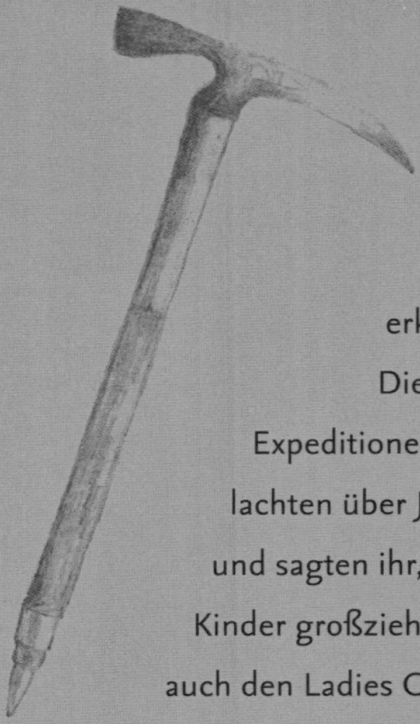

Die meisten männlichen Bergsteiger waren gegen Expeditionen, an denen ausschließlich Frauen teilnahmen. Sie lachten über Junkos Traum, den Mount Everest zu besteigen, und sagten ihr, sie solle sich lieber einen Mann suchen und Kinder großziehen. Tatsächlich heiratete Junko, gründete aber auch den Ladies Climbing Club of Japan und meisterte mehrere schwierige Aufstiege, darunter die erste Besteigung des Annapurna III in Nepal, an der nur Frauen teilnahmen. 1975, da war sie fünfunddreißig Jahre alt und hatte eine zweijährige Tochter, war Junko bereit für den Mount Everest.

Den höchsten Berg der Welt zu besteigen war keine leichte Sache. Bis dahin hatten erst fünfunddreißig Bergsteiger den Gipfel erklommen, allesamt mithilfe von Führern der Sherpa. Als Junko mit der Japanese Women's Everest Expedition von einer Lawine überrollt wurde, hätten sie sich fast zu denen gesellt, die bei dem Versuch gestorben waren. Doch dank der Hilfe der Sherpa überlebten sie. Nach dem Vorfall sagte ihnen der Arzt der Expedition, sie sollten zum Basislager zurückkehren. Aber Junko weigerte sich. Trotz des großen Risikos bestand sie darauf, allein mit ihrem Führer weiterzugehen.

AUF DEM GIPFEL. *Am 16. Mai 1975 erklimmt Junko als erste Frau der Welt den Mount Everest.*

Am 16. Mai 1975 kraxelten Junko Tabei und der Sherpa Ang Tshering über einen schmalen, scharfen Grat und setzten den Fuß auf den höchsten Punkt der Erde. Unter ihnen stürzte die Welt in die Tiefe. Kantige Grate erhoben sich wie Zähne in den bitterblauen Himmel. Erschöpft und mit dem Gedanken an den schweren Abstieg schoss ihr plötzlich der Satz durch den Kopf: «Jetzt muss ich nicht mehr höher klettern.»

DIE UMSICHTIGE BERGSTEIGERIN. Wegen der zunehmenden Umweltschäden durch Bergsteigertourismus setzt sich Junko aktiv für den Schutz der Bergwelt ein.

1992 schloss Junko als erste Frau die Besteigung der höchsten Gipfel auf allen sieben Kontinenten ab, darunter der Kilimandscharo in Tansania, der Denali in Alaska und der Vinson in der Antarktis. Doch je mehr Berge sie bestieg, umso mehr Sorgen machte sie sich über die Auswirkungen des Bergsteigertourismus. Die Hänge des Mount Everest waren vollgemüllt mit weggeworfenen Sauerstoffflaschen, kaputten Zelten und sogar den Leichen der beim Aufstieg Gestorbenen. Mit einundsechzig Jahren ging Junko noch einmal an die Uni, um Umweltwissenschaften zu studieren, und wurde Leiterin des Himalayan Adventure Trust of Japan, der sich für den Schutz der Bergwelt einsetzt.

Junko widersetzte sich dem Rollenbild, dem eine Frau auf ihrem Gebiet zu entsprechen hatte, und war ein leuchtendes Beispiel für eine ganze Generation von Bergsteigerinnen und Abenteurerinnen. Jungen Frauen gab sie gern folgenden Rat: «Verfolge dein Ziel und gib niemals auf.»

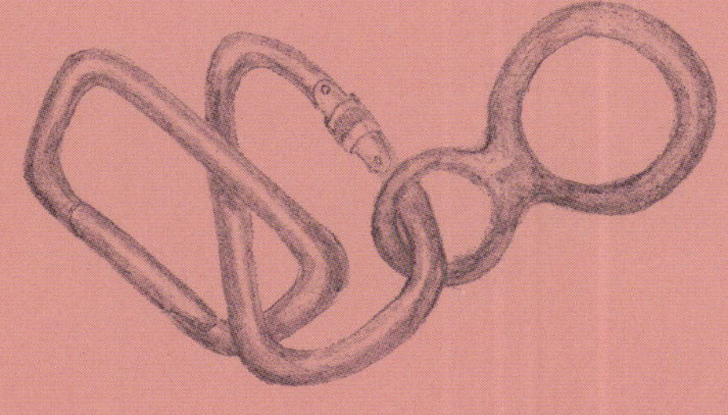

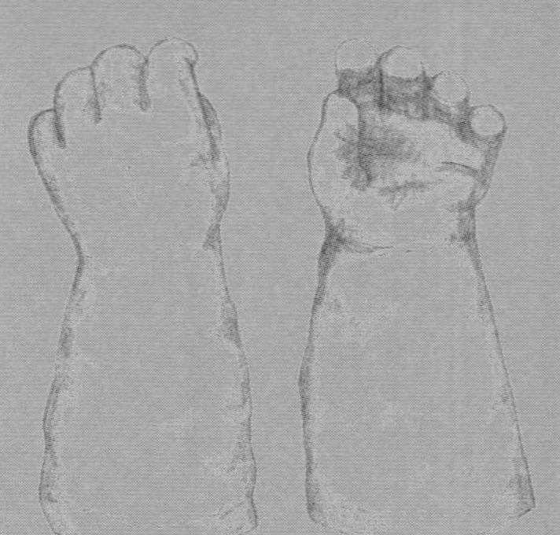

Mae Jemison

ASTRONAUTIN, INGENIEURIN UND ÄRZTIN.

Missionsspezialistin für die NASA.

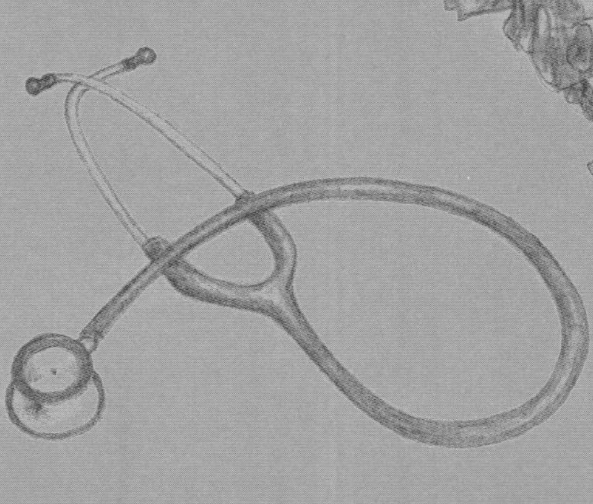

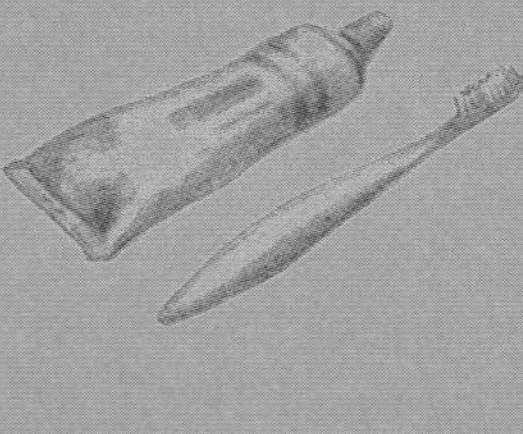

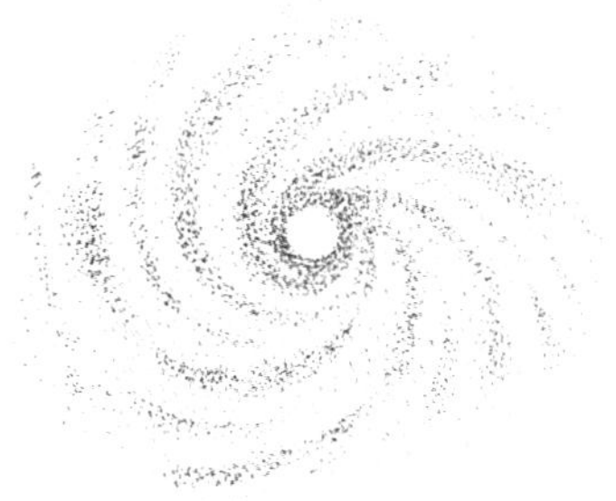

Mae Jemison

(*1956)

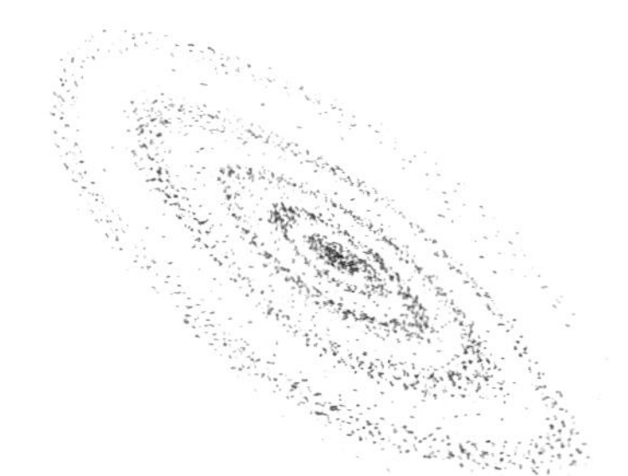

UNIVERSELLE VERBINDUNG

Die Motoren zündeten. Das Dröhnen war ohrenbetäubend und erstickte das Piepen der Flugkonsole. Alles bebte und dröhnte. Fünf ... Vier ... Drei ... Ihr Herz klopfte. Ihr Kopf raste. Zwei ... Eins ... Null! Die Rakete, die die Raumfähre Endeavour trug, schoss in die Höhe. Mae wurde in ihren Sitz geschleudert. Alles ratterte und vibrierte so heftig, dass sie meinte, die Raumfähre würde auseinanderbrechen. Doch als sie die Erdatmosphäre hinter sich gelassen hatte, wurde es still und Mae schwebte in ihren Gurten. Sie strahlte vor Freude. Sie hatte sich den Traum ihres Lebens erfüllt: eine Reise ins All.

Als Kind blickte Mae, die in Chicago aufwuchs, oft in die Sterne und fragte sich, wie es wohl wäre, zwischen ihnen hindurchzufliegen. Das Universum war so riesig, so komplex, es gab unendlich viel zu entdecken. Mae wollte den Fuß auf andere Planeten setzen und stellte sich vor, eines Tages als Wissenschaftlerin zum Mars zu reisen.

Bis dahin war erst eine einzige Frau ins Weltall geflogen, die russische Kosmonautin Walentina Tereschkowa. Sie hatte die Erde 1963 auf einer Solomission in der Raumkapsel Wostok 6 achtundvierzig Mal umkreist. In Amerika waren für das Weltraumprogramm indes ausschließlich Männer ausgewählt worden. Mae meinte jedoch, in der Raumfahrt müsse es eher zugehen wie in *Raumschiff Enterprise*, ihrer Lieblingsfernsehserie, in der sich alle Geschlechter und Rassen zusammentun, um durchs Weltall zu fliegen.

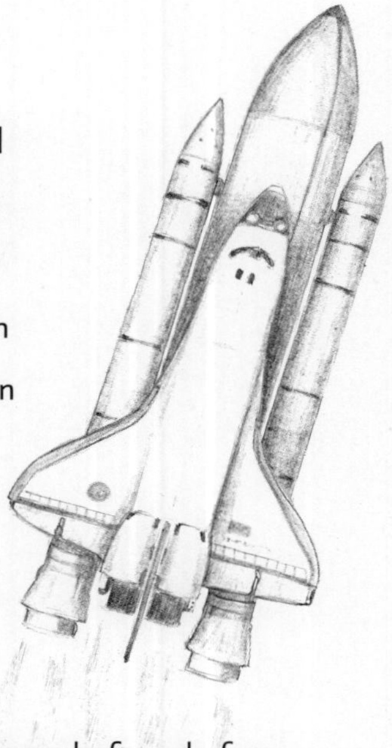

Mae glaubte daran, dass sie alles erreichen konnte, wenn sie nur hart genug dafür kämpfte. Mit sechzehn Jahren bekam sie ein Stipendium für die Stanford University, für die Fächer Chemietechnik, Afrikawissenschaft und afroamerikanische Studien. Außerdem liebte sie das Tanzen. In ihrem letzten Schuljahr auf dem College musste sie sich entscheiden, ob sie professionelle Tänzerin oder Wissenschaftlerin werden wollte. Sie entschied sich für die Wissenschaft.

Am Weill Cornell Medical College studierte Mae dann Medizin, aber sie wollte die Welt sehen. Sie besuchte Kuba, reiste nach Thailand, wo sie mit kambodschanischen Flüchtlingen arbeitete, und ging schließlich nach Ostafrika zu den Fliegenden Ärzten. Mit sechsundzwanzig Jahren trat sie dem Friedenskorps bei, einer Organisation, die auf der ganzen Welt Entwicklungshilfe leistet, und wurde in Westafrika Amtsärztin. Dort, fern der Heimat, war sie für die Gesundheit von zweihundert Menschen verantwortlich – und bald für jede Herausforderung gewappnet.

Später kehrte Mae in die USA zurück, wo sie weiter als Ärztin arbeitete, aber ihren Kindheitstraum hatte sie nicht vergessen. Sie las alles, was sie über Raumfahrt in die Finger bekam, und schrieb einen Brief an die NASA, um sich ein Bewerbungsformular für deren Weltraumprogramm zu besorgen.

1987 wurde sie nach verschiedenen zermürbenden Tests als eine von nur fünfzehn Kandidaten aus zweitausend Bewerbern ausgewählt.

Dabei erwies sich Maes Tanzausbildung als äußerst hilfreich. «Als Tänzer musst du sehr diszipliniert sein», erklärte sie später. «Du musst permanent trainieren und proben und auf andere Menschen reagieren. Du musst dir komplizierte Figuren und Szenen merken, und du musst Kritik annehmen und daraus lernen können.» Am 12. September 1992 streifte sie ihren Weltraumanzug über und stieg an Bord der Raumfähre *Endeavour*.

Mae umkreiste die Erde 126 Mal und war die erste afroamerikanische Frau im Weltraum. Als Missionsspezialistin führte sie während ihrer Reise verschiedene Experimente durch, unter anderem zwei Studien zu Knochenzellen, einmal an sich selbst, einmal an ihren Teammitgliedern.

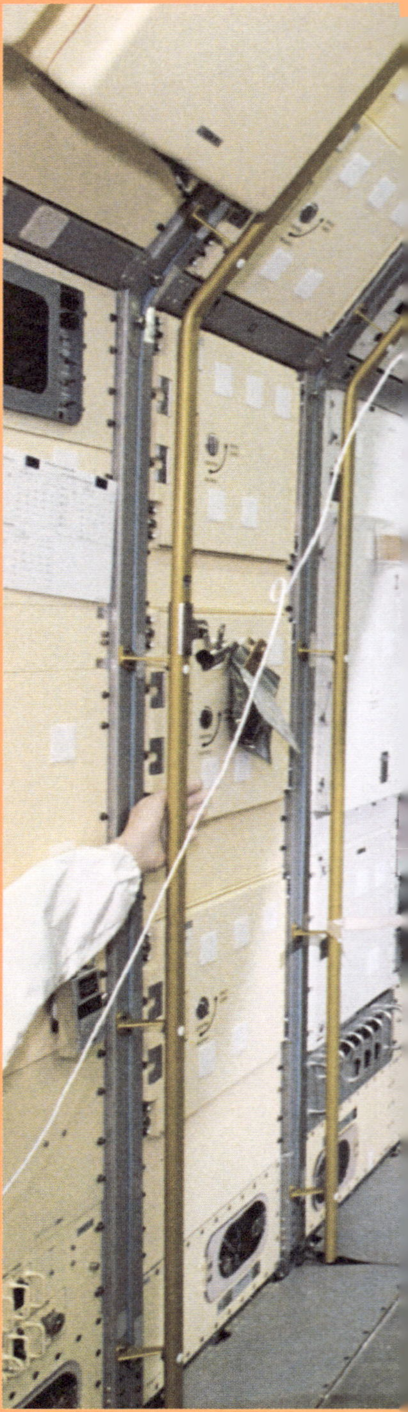

TANZ IM ORBIT. *Am 12. September 1992 flog die Ärztin und Tänzerin Mae als erste afroamerikanische Frau ins All.*

SUPERSTAR. Mit der Raumfähre Endeavour umkreiste Mae 126 Mal die Erde.

Im Jahr darauf verließ sie die NASA, rief ein Wissenschafts-Ferienlager für Schülerinnen und Schüler der Highschool ins Leben und gründete ihr eigenes Unternehmen, die Jemison Group, die junge Menschen für die Wissenschaft begeistern will. Außerdem leitet sie das 100 Year Starship-Programm, das Flüge jenseits des Sonnensystems möglich machen soll.

Manche denken, das Weltall sei weit weg und habe nichts mit uns zu tun. Mae dagegen sagt: «Geht nach draußen und schaut in den Himmel. Dort seht ihr das Weltall, die Unendlichkeit ... Als ich im All war, fühlte ich mich mit dem gesamten Universum verbunden, und diese Verbindung spüre ich bis heute. Ich hoffe, eines Tages seht ihr auch hinauf ins All und fühlt dasselbe.»

GRÖNLAND
Josephine Peary erforschte auf einer Polarexpedition die Arktis und leitete ein Lager in Grönland
Sacagawea geleitete europäische Siedler auf ihrer Reise durch die USA von Idaho über die Bitterroot Mountains bis zur Pazifikküste
NORD-POLARMEER
Mae Jemison wuchs in Chicago auf und flog für die NASA ins All
GROß-BRITANNIEN
Kent
BELGIEN
FRANKREICH
EUROPA
NORD-AMERIKA
USA
Bitterroot Mountains
Chicago
New York
Nellie Bly reiste von New York in 72 Tagen um die Welt
Sahara
AFRIKA
ATLANTIK
PAZIFIK
SURINAME
Paramaribo
Galapagos-Inseln
ECUADOR
Alexandrine Tinné suchte in einem Wettstreit nach der Quelle des Nils und probierte die Sahara zu durchqueren
TAHITI
Sylvia Earle erkundete auf den Galapagos-Inseln in Ecuador den Meeresgrund und untersuchte das Leben unter Wasser
SÜD-AMERIKA
Maria Sibylla Merian verließ die Niederlande, um in Suriname Insekten zu untersuchen
Jeanne Baret segelte von Frankreich nach Tahiti um die Welt, um seltene Pflanzenarten zu sammeln

Junko Tabei erklomm die höchsten Berge der Welt, u. a. den Mount Everest im Himalaya und den Nasu in Japan
Isabella Bird reiste von England nach China, um in Wort und Bild über das Leben auf dem Jangtse zu berichten
ASIEN
CHINA
JAPAN
Nasu
Elburs-Gebirge
IRAN
GYPTEN
Nil
TIBET
Lhasa
Jangtse
NEPAL
Mount Everest
Alexandra David-Néel pilgerte von Frankreich nach Lhasa in Tibet
SINGAPUR
Freya Stark verließ Italien, um das abgeschiedene Elburs-Gebirge im Iran neu zu kartieren
PAZIFIK
INDISCHER OZEAN
AUSTRALIEN
OZEANIEN
Auckland
NEUSEELAND
Marianne North malte in Südostasien Pflanzen in wilder Natur, u. a. Schlauchpflanzen in Singapur
Jean Batten flog allein von Kent in Großbritannien nach Auckland in Neuseeland

GALERIE DER ENTDECKERINNEN

MARIA SIBYLLA MERIAN

1647 – 1717 | Deutschland

Maria Sibylla Merian war eine anerkannte Naturforscherin und Künstlerin, deren detailreiche Darstellungen von Schmetterlingen nachhaltigen Einfluss auf die Betrachtungsweise von Insekten in der Wissenschaft hatten. Im Laufe ihres Lebens zeichnete sie den Lebenszyklus von 186 Insekten und entdeckte auf ihren Reisen zahlreiche bis dahin unbekannte Arten. Ihr Buch *Metamorphosis Insectorum Surinamensium* ist eines der bedeutendsten Naturkundebücher aller Zeiten.

JEANNE BARET

1740 – 1807 | Frankreich

Jeanne Baret war eine französische Botanikerin, die über 6 000 Pflanzenarten sammelte und katalogisierte. 1775 reiste sie bei der ersten Weltumsegelung Frankreichs unerkannt als erste Frau um die Welt. 2012 wurde ihr zu Ehren eine neue Pflanze *Solanum baretiae* genannt.

SACAGAWEA

1788 – 1812 | USA

Sacagaweas Leben ist für die Frauen in Amerika bis heute Ausdruck von Stärke und Unabhängigkeit. Sacagawea war Fremdenführerin und Dolmetscherin für die Lewis-und-Clark-Expedition, die Tausende Kilometer durch die amerikanische Wildnis nach Westen reiste. Mit ihrem Wagemut, ihren Kenntnissen der Pflanzenwelt und ihrer Geistesgegenwart leistete sie der Expedition wertvolle Dienste.

MARIANNE NORTH

1830 – 1890 | Großbritannien

Marianne North war eine britische Künstlerin und Biologin. Mit beeindruckender Leidenschaft zeichnete sie Pflanzen und wilde Tiere in ihrem natürlichen Habitat, woraus über 800 atemberaubende Gemälde entstanden. Außerdem entdeckte sie diverse neue Pflanzenarten. Heute kann man ihre Kunstwerke in einer Sammlung in den Londoner Kew Gardens bestaunen.

ISABELLA BIRD

1831 – 1904 | Großbritannien

Die außergewöhnlichen Reisen, die Isabella Bird Ende des 19. Jahrhunderts unternahm, hielt sie in Texten und Fotografien fest. Ihre berühmt gewordenen Berichte stellten viele der damaligen Vorstellungen der westlichen Welt in Frage. Isabella umrundete dreimal die Welt und wurde als erste Frau in die Royal Geographical Society aufgenommen.

ALEXANDRINE TINNÉ

1835 – 1869 | Niederlande

Alexandrine Tinné machte sich einen Namen, indem sie anders war. Sie widersetzte sich – nicht zuletzt im Bereich der Forschung und Entdeckung – den Erwartungen, die von der Gesellschaft damals an Frauen gestellt wurden. Als Kind reicher Eltern finanzierte Tinné Expeditionen in den Sudan und nach Ägypten. Sie starb im Alter von dreiunddreißig Jahren auf einer ihrer Reisen an einer Verletzung durch ein Messer.

JOSEPHINE PEARY

1863 – 1955 | USA

Josephine Peary war eine Arktis-Forscherin. In ihrem Buch *My Arctic Journal* erzählte sie von den Wundern und dem harten Leben in der Hocharktis. 1891 nahm sie als erste westliche Frau an einer Polarexpedition teil, danach reiste sie noch viele weitere Male in die Arktis. 1955 verlieh ihr die National Geographic Society ihre höchste Auszeichnung, die Medal of Achievement.

NELLIE BLY

1864 – 1922 | USA

Nellie Bly war eine soziale Aktivistin und Journalistin, die mit ihrem kreativen, gewagten Stil und investigativer Berichterstattung große Beliebtheit erlangte. Berühmt wurde sie, als sie die schrecklichen Zustände in einem amerikanischen Frauenhaus enthüllte, und für ihre Reise um die Welt in rekordträchtigen zweiundsiebzig Tagen.

ALEXANDRA DAVID-NÉEL

1868 – 1969 | Frankreich

Alexandra David-Néel machte sich einen Namen, als sie zu Fuß den Himalaya bestieg, um die verbotene Stadt Lhasa in Tibet zu erkunden. Sie war Anhängerin des Buddhismus und schrieb mehr als dreißig Bücher über ihre Reisen und über östliche Philosophie, die Einfluss auf eine ganze Generation von Schriftstellern wie etwa Jack Kerouac hatten.

FREYA STARK

1893 – 1993 | Großbritannien/Italien

Die Schriftstellerin und Entdeckerin Freya Stark wurde bekannt für ihre Erkundungsreisen in abgelegene Gebiete der Türkei, Asiens und des Mittleren Ostens, die bis dahin nur wenige Europäer besucht hatten. Ihre Bücher waren Verkaufsschlager. Darin standen neben praktischen Reisetipps auch unterhaltsame Anekdoten zur Geschichte und den Bräuchen der Menschen und Orte. 1972 wurde ihr der zweithöchste Adelstitel im British Empire zugesprochen, Dame Commander.

JEAN BATTEN

1909 – 1982 | Neuseeland

Jean Batten war eine furchtlose, rekordbrechende Pilotin. Sie unternahm mehrere Langstreckenflüge ohne Begleitung und flog als erster Mensch 1936 allein von England nach Neuseeland. Sie gewann gleich dreimal die Harmon Trophy für herausragende Flugzeugführer.

SYLVIA EARLE

*1935 | USA

Sylvia Earle ist Meeresbiologin und Ozeanforscherin. Ihre innovativen Forschungen und Entdeckungen waren Meilensteine, die großen Einfluss auf den heutigen Schutz der Ozeane und der Umwelt hatten. Ihre Pionierarbeit in der Untersuchung marinen Lebens trug viel zum Verständnis der Meere bei.

JUNKO TABEI

1939 – 2016 | Japan

Junko Tabei war eine Bergsteigerin, die mit ihrer Leidenschaft und ihren Fähigkeiten anderen Frauen die Tür zur Welt des Bergsteigens öffnete. Als erste Frau bestieg sie den Mount Everest und die höchsten Gipfel aller sieben Kontinente. Außerdem war Tabei eine wichtige Fürsprecherin umweltschonenden Verhaltens in den Bergen.

MAE JEMISON

*1956 | USA

Mae Jemison ist Wissenschaftlerin, Ärztin und Astronautin. 1992 flog sie als erste afroamerikanische Frau an Bord der Raumfähre *Endeavour* für die NASA ins All. Gefeiert wird Jemison auch, weil sie sich für Gleichberechtigung in der Wissenschaft und für innovative Technologien einsetzt. Sie ist Gründerin der Jemison Group und eines internationalen Wissenschafts-Ferienlagers für Kinder.

GLOSSAR

BELEG ein Exemplar einer Art. Biologen sammeln Belege, um sie anschließend genauer untersuchen zu können.

BIOLUMINESZENZ das Licht, das von lebenden Organismen erzeugt wird.

BOTANIKER ein Experte oder eine Expertin, die pflanzliches Leben untersucht.

DAME ein von der britischen Königin verliehener Titel, das weibliche Pendant zum Ritter.

EXPEDITION eine Gruppe von Menschen, die eine Forschungsreise unternimmt.

FLORA alle Pflanzen in einer bestimmten Gegend, einem Habitat oder einem geologischen Zeitalter.

GEISHAS japanische Frauen, die zur Unterhaltung die alten Traditionen von Kunst, Tanz und Gesang darbieten. Sie tragen Kimonos und Oshiroi, ein weißes Make-up.

KARAWANE eine Gruppe von Menschen, die gemeinsam durch die Wüste reist.

KOLONIE eine Gruppe von Menschen, die aus ihrem Land in ein anderes Gebiet zieht, dort eine Siedlung errichtet und das Land als ihre neue Heimat beansprucht.

LANDSMANN ein Bürger eines Landes.

MALARIA eine Krankheit, die durch den Biss eines Moskitos übertragen wird. Sie verursacht Schüttelfrost und Fieber.

METAMORPHOSE eine Umwandlung oder körperliche Veränderung. Bei Insekten und Amphibien gibt es bei der Umwandlung von der ersten zur adulten Form zwei oder auch mehr Entwicklungsstadien.

NASA die Nationale Luft- und Raumfahrtbehörde der USA, eine unabhängige Organisation, die das amerikanische Weltraumprogramm leitet und Forschung in Flugtechnik, Luft- und Raumfahrt durchführt.

NATURFORSCHER ein Experte oder eine Expertin in Naturkunde.

ÖKOLOGIE die Untersuchung der Umwelt, der Lebewesen und ihrer Beziehungen.

ÖKOSYSTEM alle Lebewesen und unbelebten Dinge in einem bestimmten Gebiet.

ORBIT der Weg, den ein Gegenstand wie etwa ein Raumschiff im All zurücklegt, wenn es einen Stern, Planeten oder Mond umkreist.

PILGERFAHRT eine Reise an einen heiligen, oftmals fernen Ort aus religiösen oder spirituellen Gründen. Wer eine solche Reise unternimmt, wird Pilger oder Pilgerin genannt.

PSEUDONYM ein ausgedachter Name, den ein Autor oder eine Autorin anstelle des richtigen Namens verwendet.

RIKSCHA ein kleines indisches Gefährt, das von einem Mann oder einer Frau gezogen wird.

RUHR eine ansteckende Krankheit des Verdauungstrakts.

SKORBUT eine durch Vitamin-C-Mangel ausgelöste Krankheit. Vitamin C ist vor allem in frischem Obst, Gemüse und Fleisch enthalten. Im 18. und 19. Jahrhundert litten viele Seefahrer auf langen Reisen an Skorbut.

TESTAMENT ein rechtsverbindliches Dokument, in dem eine Person darlegt, an wen und wie ihr Eigentum nach ihrem Tod verteilt werden soll.

THERMALQUELLE eine von heißem Grundwasser gespeiste Quelle, die aus der Erdkruste aufsteigt.

ÜBERSEETELEGRAMM eine durch unterseeische Kabel verschickte Nachricht.

UNTERWASSERFAHRZEUG ein kleines U-Boot.

COPYRIGHT-HINWEISE

Vor jedem Bild wird die zugehörige Seitenzahl genannt.
Abmessungen in cm (Höhe x Breite).

13 Maria Sibylla Merian, *Bananen und blaue Echse*. Aus: Maria Sibylla Merian, *Metamorphosis Insectorum Surinamensium*, Amsterdam, 1705. Smithsonian Libraries, Washington, DC

15 Maria Sibylla Merian, *Korallenbaum und Augenspinner*. Aus: Maria Sibylla Merian, *Metamorphosis Insectorum Surinamensium*, Amsterdam, 1719. Kunstmuseum Basel

17 Dorothea Maria Graff (zugeschrieben), *Kaiman im Kampf mit einer rot-schwarzen Schlange*, aus dem Album «Merian's Drawings of Surinam Insects &c», 1701–1705. Wasserfarbe und Deckfarbe, mit Weiß verstärkt und mit schwarzem Tintenfüller auf Pergament, 30,6 x 45,4. Trustees of the British Museum, London

19 Maria Sibylla Merian, *Reife Ananas mit Schmetterlingen*. Aus: Maria Sibylla Merian, *Metamorphosis Insectorum Surinamensium*, Amsterdam, 1705. Smithsonian Libraries, Washington, DC

25 Jeanne Baret. Aus: James Cook, *Navigazioni di Cook pel grande oceano e intorno al globo …*, Mailand, 1816–1817. State Library of New South Wales, Sydney (FL3740703)

26 Louis-Antoine de Bougainville, *Tahiti, die «Insel der Liebe». Ansicht von New Cythera*, 1768. Aquarellzeichnung, 13 x 21. Bibliothèque nationale de France, Paris

31 Edgar S. Paxson, *Lewis und Clark an den Three Forks* (Detail), 1912. Öl auf Leinwand, 205,7 x 388,6. Wandbild am Montana State Capitol, Helena. Mit freundlicher Genehmigung der Montana Historical Society (X1912.07.01)

32–33 Charles M. Russell, *Lewis und Clark auf dem Unterlauf des Columbia*, 1905. Deckende und transparente Wasserfarbe auf einer Unterzeichnung aus Graphit auf Papier, 47,6 x 60,6. Amon Carter Museum of American Art, Fort Worth, Texas, Amon G. Carter Collection, 1961.195

35a Die Sacagawea-Briefmarke, 28. Juli 1954. Foto Granger Historical Picture Archive/Alamy Stock Photo

35b Sacagawea mit ihrem Kind auf dem Sacagawea-Dollar, 2000. Durchmesser 2,65. Foto VPC Coins Collection/Alamy Stock Photo

39 Marianne North, *Erdbromelien und ein Kaktus bei meinem Haus bei Apogquindo in den Kordilleren*, Chile, 1880er Jahre. Öl auf Karton, 35 x 51. The Board of Trustees of the Royal Botanic Gardens, Kew

40 Julia Margaret Cameron, *Marianne North an ihrer Staffelei*, Grahamstown, Südafrika, ca. 1883. The Board of Trustees of the Royal Botanic Gardens, Kew

43 Marianne North, *Eine neue Schlauch-*

pflanze aus dem Kalkgebirge von Sarawak, 1876. Öl auf Karton, 50,4 x 34,8. The Board of Trustees of the Royal Botanic Gardens, Kew

47 Isabella Bird in Reitkleidung. Illustration auf der Titelseite des Buches Isabella L. Bird, *A Lady's Life in the Rocky Mountains*, London, 1879

48–49 Isabella Birds Hausboot auf dem Jangtse bei Kuei Fu. Foto von Isabella Bird, ca. 1894–1896. John Murray Archive, National Library of Scotland, Edinburgh (MS.42033)

50 Der Tempel des Gottes der Literatur in Mukden, der Hauptstadt der Mandschurei. Von Hand koloriertes Diapositiv eines Fotos von Isabella Bird, ca. 1894–1896. Hillier Collection, Royal Geographical Society via Getty Images

51 Isabella an ihrem Schreibtisch. Foto von Elliot & Fry, 1890er Jahre. Titelbild des Buches Anna M. Stoddart, *The Life of Isabella Bird (Mrs Bishop)*, London, 1906. Wellcome Library, London

55 Henri Auguste d'Ainecy (Graf von) Montpezat, *Alexandrine Tinné*, 1849. Öl auf Leinwand, 130 x 116. Mit freundlicher Genehmigung des Haags Historisch Museum, Den Haag

56 Alexandrine Tinné, *Ansicht der Tuti-Insel – Khartoum*, 1862–1863. Aquarell, 19 x 28,5. Mit freundlicher Genehmigung des Haags Historisch Museum, Den Haag

57 Alexandrine Tinné, *Lager in der Wüste*, 1862–1863. Aquarell, 19 x 28,5. Mit freundlicher Genehmigung des Haags Historisch Museum, Den Haag

63 Mr. und Mrs. Peary an Deck der «Roosevelt», Sydney. Foto Bain News Service, 1909. Library of Congress Prints and Photographs Division, Washington, DC (LC-DIG-ggbain-04265)

65 «Schneeschuhe», Josephine Peary im Nordwesten Grönlands. Mit freundlicher Genehmigung der Herbert Collection

66 «Schneebaby». Mit freundlicher Genehmigung der Herbert Collection

67 «Ein Spaziergang in der Arktis – Mr. und Mrs. Peary auf Schneeschuhen». Mit freundlicher Genehmigung der Herbert Collection

69 Josephine und Marie Peary im Basislager auf der Ellesmere-Insel, 1901. Mit freundlicher Genehmigung der Herbert Collection

75 Nellie Bly, 1890. Library of Congress Prints and Photographs Division, Washington, DC (LC-USZ62-59924)

77 «In zweiundsiebzig Tagen und sechs Stunden um die Welt – Nellie Blys Empfang am Ende ihrer Reise in Jersey City», 1890. Mit zwei weiteren Zeichnungen: «Die Gürtelmacherin des Globus erhält einen goldenen Globus» und «Ankunft in Philadelphia». Nach Skizzen von C. Bunnell. In: *Frank Leslie's Illustrated Newspaper*, Bd. 70, Nr. 1795 (8. Februar 1890). Library of Congress Prints and Photographs Division, Washington, DC (LC-USZ61-2126)

81 Alexandra und Yongden im Norden Tibets, ca. 1920–1923. Maison A. David-Néel, Digne-les-Bains. Alexandra David-Néel © Ville de Digne-les-Bains

82–83 Alexandra, Yongden (ganz links) und der Maharadscha von Sikkim, Sidkeong Tulku (mit verschränkten Armen), am Tangshung-Pass, Sikkim, September 1914. Maison A. David-Néel, Digne-les-Bains. Alexandra David-Néel © Ville de Digneles-Bains

85 Alexandra mit Nonnen des Klosters Choten Nyma, Tibet, 1914. Maison A. David-Néel, Digne-les-Bains. Alexandra David-Néel © Ville de Digne-les-Bains

89 Karawane im Wadi Hadramaut. Foto von Freya Stark, 1935. Royal Geographical Society/Alamy Stock Photo

90–91 Freya Stark in Dschabal ad-Duruz, Syrische Arabische Republik, 1928. Royal Geographical Society via Getty Images

93 Britische Briefmarke aus dem Gedenkset «Extreme Endeavours», 2003, unter Verwendung eines Portraits von Freya Stark. Foto Sergej Gorjatschew/Shutterstock

97 Jean Gardner Batten, Rongotai Airport, Wellington. Unbekannter Fotograf, ca. 1936. Alexander Turnbull Library, Wellington, Neuseeland (PAColl-0889-1)

99 Jean Gardner Batten in Flugmontur vor ihrem Flugzeug. Unbekannter Fotograf, ca. 1934. Alexander Turnbull Library, Wellington, Neuseeland (1/2-046051-F)

100 Reiseführerin Bella und Jean Batten begrüßen sich mit einem Hongi. Foto Moore und Thompson, ca. 1936–1937, vermutlich im Distrikt Rotorua. Alexander Turnbull Library, Wellington, Neuseeland (PAColl-8892)

105 Sylvia Earle kurz vor dem Tauchgang im Panzertauchanzug JIM, 1979. Foto OAR/National Undersea Research Program (NURP)

107 Sylvia Earle unter Wasser auf der Mission *Tektite* II, Saint John, Jungferninseln, Juli 1970. Foto AP/Shutterstock

108–109 Sylvia Earle untersucht einen riesigen Zylinderschwamm in Bonaire, Karibik. Foto David Doubilet/National Geographic

113 Junko Tabei und Ang Tshering vor der Südwand des Mount Everest, Mai 1975. Foto Bettmann Archive/Getty Images

115 Junko Tabei auf dem Gipfel des Mount Everest, 16. Mai 1975. Foto Tabei Kikaku Co Ltd/AP/Shutterstock

116–117 Junko Tabei, Oktober 1992. Foto John van Hasselt/Corbis via Getty Images

122–123 Mae Jemison bei der Arbeit im Modul Spacelab Japan (SLJ) an Bord der OV-105, September 1992. Foto NASA

124 Offizielles Porträt der Astronautenkandidatin Mae C. Jemison. Foto vom Oktober 1987. Foto NASA

DANKSAGUNG

Mein Forscherdasein begann früh, als meine Eltern mit mir in die Arktis zogen. Diese Erfahrung hat mein gesamtes weiteres Leben geprägt. Deshalb gilt mein größter Dank meiner weisen, liebevollen, mutigen Mutter und meinem geliebten Vater, den ich sehr vermisse; sie beide haben mir die Augen für die Wunder der Natur geöffnet und mich dazu ermutigt, mein Herz für die außergewöhnlichen Menschen zu öffnen, denen wir begegnet sind. Außerdem möchte ich meinen besten Freunden danken, die mir auch in schwierigen Zeiten immer beistanden (ihr wisst, wen ich meine)! Dank auch an Anna Ridley und Sophy Thompson von Thames & Hudson für ihre Begeisterung und ihren Glauben an meine Bücher, an meine Lektorin Harriet Birkinshaw und die Designerin Belinda Webster, die mir geholfen haben, diese Geschichten und Bilder zum Singen zu bringen. Und natürlich gilt all meine Liebe und mein Dank meinen beiden größten Helden, Huw und Nell. Ich freue mich schon auf unser nächstes gemeinsames Abenteuer.

BIBLIOGRAFIE

JEANNE BARET

Lewis-Jones, Huw: *Das Buch des Meeres. Tage- und Skizzenbücher großer Seefahrer*, Deutsch von Nina Goldt und Annika Klapper, Köln 2020.
Ridley, Glynis: *The Discovery of Jeanne Baret*, London 2011.

JEAN BATTEN

Batten, Jean: *My Life*, London 2001.
Kidman, Fiona und Menschik, Kat: *Jean Batten, Pilotin*, Deutsch von Barbara Weidle, Bonn 2016.
Mackersey, Ian: *Jean Batten. The Garbo of the Skies*, Auckland 2013.
Probst, Ernst: *Jean Batten. Neuseelands berühmteste Pilotin*, München und Ravensburg 2014.

ISABELLA BIRD

Bird, Isabella: *Durch die Wildnis der Rocky Mountains*, Deutsch von Klaudia Ruschkowski, Lenningen 2017.
Ireland, Debbie: *Isabella Bird. A Photographic Journal of Travels through China*, London 2015.

NELLIE BLY

Bly, Nellie: *Around the World in 72 Days. Die schnellste Frau des 19. Jahrhunderts*, Deutsch von Josefine Haubold, Berlin 2019.
Christensen, Bonnie: *The Daring Nellie Bly. America's Star Reporter*, London 2009.

ALEXANDRA DAVID-NÉEL

David-Néel, Alexandra: *Mein langer Weg in die verbotene Stadt. Briefe aus Tibet*, Deutsch von Eva Moldenhauer, Lenningen 2018.
Middleton, Ruth: *Alexandra David-Néel. Portrait of an Adventurer*, London 1989.

SYLVIA EARLE

Earle, Sylvia: *Blue Hope. Exploring and Caring for Earth's Magnificent Ocean*, Washington 2014.
Nivola, Claire: *Das blaue Herz des Planeten. Die Geschichte einer Meeresforscherin*, Deutsch von Brigitte Elbe, Stuttgart 2016.

MAE JEMISON

Jemison, Mae: *Find Where the Wind Goes. Moments From my Life*, New York 2001.
Pincus, Meeg: *Mae C. Jemison*, New York 2019.

MARIA SIBYLLA MERIAN

Beuys, Barbara: *Maria Sibylla Merian. Künstlerin – Forscherin – Geschäftsfrau. Eine Biographie*, Berlin 2016.
Pomeroy, Sarah: *Maria Sibylla Merian. Artist, Scientist, Adventurer*, London 2018.
Sidman, Joyce: *The Girl Who Drew Butterflies*, London 2018.

MARIANNE NORTH

North, Marianne: *Abundant Beauty. The Adventurous Travels of Marianne North, Botanical Artist*, Toronto 2010.
Payne, Michelle: *Marianne North. A Very Intrepid Painter*, London 2011.

JOSEPHINE PEARY

Herbert, Kari: *Polarfrauen. Mutige Gefährtinnen großer Entdecker*, München 2010.
Peary, Josephine: *Das Schneekind. Eine erlebte Geschichte mit Bildern nach dem Leben*, Deutsch von Franziska Boas, Köln 1901.
Peary, Josephine: *My Arctic Journal*, New York 2002.

SACAGAWEA

Jazynka, Kitson: *National Geographic Readers. Sacagawea*, New York 2015.
Lohnes Frazier, Neta: *Path to the Pacific. The Story of Sacagawea*, Minnesota 2016.

FREYA STARK

Geniesse, Jane Fletcher: *Passionate Nomad. The Life of Freya Stark*, New York 2001.
Stark, Freya: *Durch das Tal der Mörder. Reisen im Persien der 1930er Jahre*, Deutsch von Fortunat Weigel, Wien 2001.
Stark, Freya: *Traveller's Prelude. Autobiography, 1893–1927*, London 1989.

JUNKO TABEI

McLoone, Margo: *Women Explorers of the Mountains*, New York 1999.
Tabei, Junko: *Honouring High Places. The Mountain Life of Junko Tabei*, Calgary 2017.

ALEXANDRINE TINNÉ

Herbert, Kari und Lewis-Jones, Huw: *Explorers' Sketchbooks. The Art of Discovery and Adventure*, London 2017.
Westphal, Wilfried: *Tochter des Sultans. Die Reisen der Alexandrine Tinné*, Stuttgart 2002.
Willink, Robert Joost: *The Fateful Journey. The Expedition of Alexine Tinné and Theodor Von Heuglin in Sudan (1863–1864)*, Amsterdam 2011.

ÜBER DIE AUTORIN

KARI HERBERT unternahm ihre erste Reise im Alter von zehn Monaten, als ihre Eltern, die Autorin Marie und der Polarforscher Wally, sie mit in die Arktis nahmen. Zwei Jahre lebte die Familie bei einem kleinen Eingeborenenstamm auf einer abgelegenen Insel im Nordwesten Grönlands. Bis heute ist Kari gern und oft auf Reisen. Sie hat mehrere Bücher über Entdeckungsreisen, die Geschichte der Frauen und Bildkultur geschrieben, zuletzt *Rebel Artists* (erschienen 2019 bei C.H.Beck, Deutsch von Frank Sievers) und gemeinsam mit ihrem Mann Huw Lewis-Jones den Band *Kosmos großer Entdecker* (2016). Wenn Kari nicht gerade wilde, verworrene Gegenden erkundet, findet man sie in Cornwall am Meer, wo sie mit Huw und ihrer abenteuerlustigen Tochter Nell lebt.

Kari und ihr Vater Sir Wally Herbert im Nordwesten Grönlands, 1972.

REGISTER

Die Originalausgabe erschien 2021 bei Thames & Hudson Ltd,
181A High Holborn, London WC1V 7QX unter dem Titel
We Are Explorers © 2021 Thames & Hudson

Text und Illustrationen © 2021 Kari Herbert

Durchgehend farbig bebildert.

Für die deutsche Ausgabe:
© Verlag C.H.Beck oHG, München 2021
Umschlaggestaltung: Chris Kampe, All things letters, Hamburg
Umschlagabbildungen: Kari Herbert, Mae Jemison und Maria Sibylla Merian (vorne);
Jeanne Baret und Josephine Peary (hinten)
Lettering von Chris Campe
Satz: Seria Sans OT im Verlag
Druck und Bindung: 1010 Printing International Ltd, Singapore

Gedruckt auf alterungsbeständigem, säurefreiem Papier
(hergestellt aus chlorfrei gebleichtem Zellstoff)
Printed in Singapore
ISBN 978-3-406-76446-2
www.chbeck.de

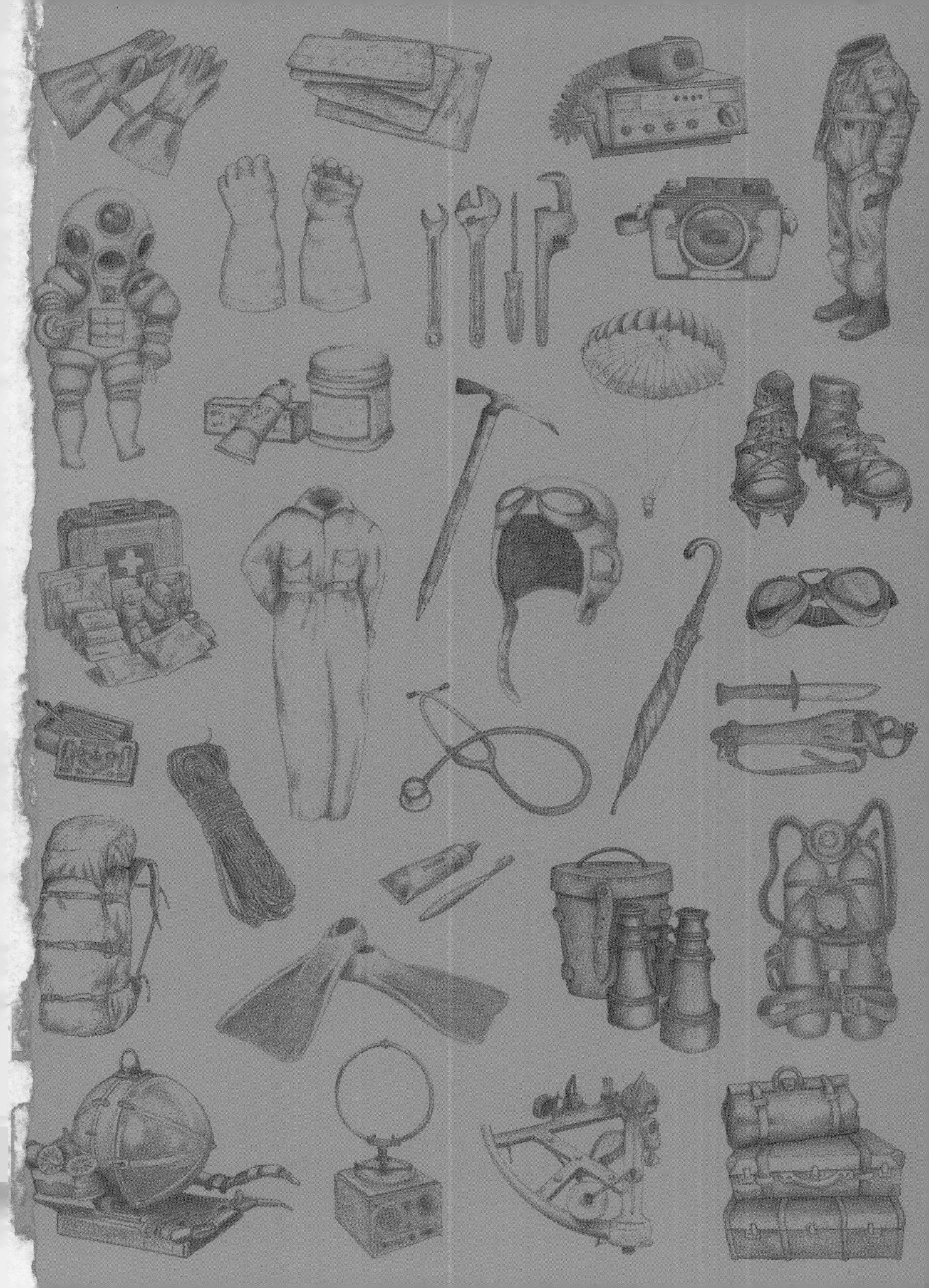